暢銷典藏版

康乃爾最經典的思考邏輯課

避開六大謬誤，資訊時代必備的理性判斷工具

Thomas Gilovich
湯瑪斯・吉洛維奇——著　林力敏——譯

HOW WE KNOW WHAT ISN' T SO

The Fallibility of Human Reason in Everyday Life

我們往往樂於仰賴不完整或不具代表性的資訊，而且太過關注正面例子，有時還會「發現」根本不存在的關連，比如我們總認為「一旦丟掉某件東西，很容易之後就要用它」，卻忽略「其實不丟也不會用到」的情況更常發生。

如果懷有預設立場，往往只看到自己喜歡的事證，做出自己偏好的判斷，甚至不僅是單純忽視反面資料，還絞盡腦汁設法批評，設法自圓其說。

第二部

不實認知的動機要素與社會要素

我們總是相信自己想相信的事情，靠著詢問可能支持自己的對象，獲得想聽的見解。在衡量自己偏好與厭惡的主張時，自然會有不同的假設問題，所需例證也就不同，也因此總得到自己偏好的見解，並自認握有客觀佐證。

我們往往爲了說出一個動人的好故事，而扭曲重要二手資訊，造成嚴重錯誤認知。有一個概略標準可以調整自己對訊息的相信程度：轉述越多次的資訊，我們就越要保持審慎態度。

第六章　認同想像：對想法一致的程度過度高估　167

我們常高估別人跟自己想法一致的程度，過度認為別人跟我們有志一同，拿他們替自己背書。此外，我們也多半不肯直言異議，也就無法妥善檢驗其他說法，反而認為大家看法一致，變得堅持己見，即使違背邏輯或經驗仍執迷不悟。

第三部　不實與錯誤認知的實例

第七章　對「另類」療法的不實認知　183

為何許多人願意相信另類療法？這類療法與其相關的各種疾病到底有何特性？其實在我們尋求醫療的疾病中，有五〇%無須服藥治療，因此並非療法有效，而是靠身體自癒。

第八章　對人際策略的不實認知　213

我們有不少交際策略，用來抬高自己身價或達成其他目的。比方說，我們先提出自己面臨的不利狀況，彷彿失敗是應該，成功則是自己的本事，藉此左右別人的看法。這種現象稱爲：自我設障。

第九章　對超感官知覺的不實認知　215

爲何許多人相信第六感的存在？因爲我們都經歷過不可思議的「巧合」經驗，日常生活與科學實驗的佐證俯拾即是。然而，我們必須明白，這些或許就是所謂的劣等研究，再多的佐證也毫無用處，無法準確反映實際狀況。

第四部

我們的下一步

第十章　挑戰不實認知：社會科學的角色

最重要的思維習慣是，避免根據不完整與不具代表性的資料驟下結論，明白日常經驗往往帶有偏頗成分。想成為眞正理性客觀的人，一大關鍵在於懂得如何解讀世事，如何適時質疑，如何徹底驗證想法，而最能幫助建立這些觀念的，正是社會科學。

前言

理性犯的錯

一無所知的麻煩不大，錯誤認知的麻煩才大。

——阿特彌斯．伍德（Artemus Ward）

一般普遍認爲不孕夫妻要是領養小孩，日後懷孕的機率會高於未領養小孩的夫妻。這個奇特現象的常見解釋是壓力減少。領養小孩以後，對不孕不再耿耿於懷，比較平心靜氣，成功受孕的機率因而提高。可是經過深究以後，有待探討的特殊現象顯然不是領養有助受孕——臨床研究已指出事實並非如此。我們該探討的其實是**爲何許多人有這個錯誤認知**。

知名大學、研究所或頂尖企業訓練的面試人員多半認爲，簡短面試有助判斷錄取人選。可是他們錯了。研究人員檢視單靠客觀資料所做的錄取決定，再跟參雜主觀面試印象所做的決定互相比對，發覺兩者不相上下。那麼爲何大家相信面試的效果？婦產科護士認爲滿月期間有較多嬰兒出生，但這也是誤解。老問題又來了，爲什麼他們會有這些「錯誤認知」？

本書將解答這些問題，探討各種錯誤認知如何形成，還有持續流傳的原因。誠如以上例子所示，有些廣泛流傳的錯誤認知亟需解釋。時至今日，相信超感官知覺（俗稱第六感）的人仍多過相信進化論的人，美國的占星家人數比天文學家高出二十倍，無論正式民調或日常對話都指出許多人相信靈魂出竅、通靈，以及水晶對精神與靈魂的影響。本書將深究這類錯誤認知，廣泛探討人類判斷過程所牽涉的諸多議題。

許多事情從一開始就顯而易見。首先，**錯誤認知並非純粹來自無知**，無論經驗豐富的專家或不甚了解的門外漢其實都同受其害。比方說，面試人員與婦產科護士學有專精，時常接觸實際情形，理應「較懂狀況」，但他們依然抱持誤解。

錯誤認知也不是純粹來自愚昧與輕信。人類已演化出高度智能，得以迅速準確的處理大量資訊，但原本強大有效的思考策略若遭濫用則容易導致謬誤，這是錯誤認知的一大成因。儘管我們具備不凡的知覺能力，依然會受錯覺蒙蔽，甚至高度知覺能力本身正是造成錯覺的罪魁禍首。同理，我們許多的認知缺陷「跟我們的最大優勢息息相關，甚至是不可避免的代價」。（譯注：這段話引述自社會心理學家尼斯貝特（Richard Nisbett）與羅斯（Lee Rose）合著的《推論漫談：社會判斷的策略與缺陷》）此外，正如錯覺研究有助我們了解人類的知覺，精神病理學研究促進我們探究人類的性格，研究錯誤認知也有利於我們更明白人類的推理判斷模式，因此本書刻意著重各種錯誤認知，但可別忘記我們也有許多正確認知。

誠如先前所言，就認知層面而言，許多不實與錯誤認知其來有自，若往下深究，會涉及我們在處理資訊與推導結論過程的缺陷。換言之，我們的許多認知不盡正確，但這些錯誤認知不是用來滿足某些重要心理需求，而是依據手邊資訊做出的合理推論。社會學家莫頓（Robert Merton）認爲，一般人抱持錯誤認知的原因在於「這是根據他們自身經驗的必然選擇」。**這個選擇並非源自不**

理性，而是源自理性的漏洞。

因此，我們誤以爲不孕夫妻在領養小孩以後比較容易受孕。我們特別留意哪些夫妻在領養小孩以後受孕，卻沒注意哪些夫妻在領養以後並未受孕，或者並未領養但依然受孕，結果許多人抱持的明明是錯誤認知，卻以爲是根據日常經驗得來的「事實」。這種誤解不是情感層面偏好的結果，而是從眼前資訊推導出來的最合理結論。在理想狀況下，許多認知與推理缺陷不會浮上檯面（就像錯覺背後往往有特定負面條件），但現實世界並不理想，我們獲得的各種資訊無法準確反映實際情況，甚至還殘缺不全、沒頭沒尾、不清不楚、雜亂無章、模糊隨機、違反預期、間接二手。我們想準確解讀資訊，卻往往弄巧成拙，暴露判斷缺陷，深陷錯誤認知。

回頭看不孕的例子也就一目瞭然。在領養以後受孕的夫妻備受關注，獲得媒體報導，引起親友討論，在我們心中留下印象，至於領養後未受孕及未領養卻受孕的夫妻則否。由此觀之，即使撇開認知與推論的局限不提，種種認知所依據的資訊也牽涉固有偏見，如果我們想有正確判斷與眞知灼見，就必須找出偏見加以克服。

過去數年，許多社會與認知心理學家致力於探究人類在處理資訊時的局限，而我追尋他們的腳步，鑽研「不實與錯誤認知」這個主題。本書的第一部分「錯誤認知的決定因子」包含三個章節，分析我們在處理現實世界的混亂資料時，有哪些認知缺陷。第一章剖析隨機資料，指出我們常從無序資料中，看見秩序與規律。第二章討論不完整與不具代表性的資料，說明我們常遭受蒙蔽，難以修正謬誤。第三章探討預設立場如何影響我們對模糊與矛盾資料的判斷。

錯誤認知包羅萬象，光從上述認知層面探討仍不夠全面，其他因素也應納入討論，因此本書的第二部分包括三個章節，探討「不實認知的動機要素與社會要素」。第四章探究期盼眼光與自利扭曲造成的錯誤認知，從修正主義的角度切入，檢視動機如何影響認知過程並導致自利謬誤。第五章提出二手資訊的漏洞，說明大眾媒體等「敘述者」如何為了傳達資訊與趣味而扭曲訊息。第六章提及心理學上的老生常談：「我們認為別人怎麼想，自己也往往會這麼想。」然而，我把這個說法改爲：「我們自己怎麼想，就認爲別人也是這麼想。」本章檢視許多認知程序、社會程序與動機程序，指出我們常高估別人跟自身想法的一致程度，進而對固有想法更加深信不疑。

本書的第三部分採取個案探討方式，結合前二個部分談到的種種機制，分析許多廣泛流傳的錯誤認知，既指出錯誤認知的來源，也闡明其歷久不衰的原因，研討對象包括對「另類」療法的不實認知（見第七章），對人際策略的不實認知（見第八章），還有對超感官知覺的不實認知（見第九章）。這三章的抨擊力道有時必然較弱，畢竟某些認知難以證明是否錯誤，但至少所有案例都涉及認知與例證之間的落差，而這才是探討的重點。

第四部分爲結尾，指出我們該如何準確衡量日常生活的各種例證，避免錯誤認知。

何苦擔心錯誤認知？

犀牛是一種相當壯碩的物種，卻面臨生死存亡之秋，人類該當引以爲恥。由於人類文明步步進逼，犀牛的數量在二十世紀前半葉逐漸減少，如今更面臨惡意獵殺，在一九七六至一九九一這十五年間，非洲高達九〇%的犀牛遭屠殺盜獵，犀牛角流入黑市，在遠東地區尤其可以賣得高價，磨成粉末以後用來減緩發燒與頭痛，偶爾當成壯陽藥。由於無知的獵殺行爲，如今非洲只剩數千頭黑犀牛，亞州與印尼的犀牛數量更是屈指可數。

遺憾的是，面臨困境的不只是犀牛而已。一九八九至一九九一這三年之間，美國大煙山山區共有六百隻黑熊遭獵殺，熊膽進口到韓國，因爲韓國人相信熊膽有助減輕消化不良（他們認爲黑熊是雜食動物，而且很少生病）。根據估計，大煙山山區的黑熊總數一向維持在六百頭左右，上述獵殺數目極高，情況可謂相當嚴重。警方最近在舊金山某棟黑市倉庫查獲四萬根海豹鞭，原本應會當作壯陽藥販售。背上附生綠藻的綠毛龜因濫捕而瀕臨絕種，部分原因是有人認爲綠毛龜能治療癌症。由於人類迷信而遭殺害的物種不勝枚舉。

我藉這些例子從另類角度回答：「何苦擔心不實認知的問題？」還有：「有點迷信又有何妨？」因無知而獵殺反映出迷信會造成實際且嚴重的代價，不只自己深受其害，他人也無法倖免——連其他物種也同樣遭殃。我們對壯陽與癌症的錯誤認知導致許多生物瀕臨絕種，可見我們該改正做法，追求正確認知。「有點迷信」的後果只怕我們承受不起，該當避免。

當然還有其他常見方式可以說明爲何需要擔心不實認知，焦點擺在誤解者本身得付出的代價。最明顯的例子就是我們三不五時聽說有人放棄明顯有效的療法，反倒聽信江湖郎中的偏方，結果一命嗚呼。現在回想七歲小女孩蘇林斯的例子，她父親曾任美國自然衛生協會會長，該協會提倡以「自然療法」（例如斷食或喝果菜汁）取代吃藥等傳統醫療。蘇林斯生病時，她父親讓她採取斷食療法，前十八天只喝水，接下來十七天則只喝果汁，最後她死於營養不良。我相信讀者也讀過類似案例。有人因爲錯誤認知喪命豈不是非常可悲？蘇林斯等例了清楚指出正確理解世界大有好處，姑息誤解則得賠上慘重代價。姑息誤解與迷信還有另外一個比較間接的代價，涉及連鎖反應：我們該如何防止偶爾出現的錯誤認知影響到更廣泛的思維習慣？雖然我們很難正確理解世界，但理解能力十分可貴，應細心加以培養。如果我們無法正確思考，容易抱持諸多誤解，難以看清世界。此外，如果我們不建立良好判斷能力，容易遭有心人士誤導。生物學家古爾德（Stephen Jay Gould）所言甚是：「如果一個人沒有培養判斷能力，只是隨意輕信，就形同種下被操弄擺布的種子。」無論身為個人或社會的一分子，我們都不該輕易容忍迷信與草率思維，而應建立正確「思維習慣」，力求準確解讀世事。

第一部

不實認知的決定因子

第一章

無中生有：對隨機資料的錯誤知覺與錯誤解讀

……

人類往往假定自然界的種種現象乃是有條有理，但事實並非如此。許多現象獨一無二且漫無規則，人類偏偏想從中找出通例，覓得關連，這無非緣木求魚。

——培根，《新工具》

哲學家斯賓諾莎在一六七七年有句描述物理現象的名言：「自然界憎惡眞空。」三百年過去，這句話似乎也能解釋人的天性。人類生性厭惡空白，想建立各種模式，從中尋覓規律、發現意義，結果時常徒勞無功，混亂處處可見，意義無處可尋。我們生來渴望意義，想預測事物的結果，反倒因此從無序中「看見」秩序，從雜亂無章中看見規律模式。

我們凝望毫無規律可言的天體，從月球表面找出一張人臉，從火星表面看見各種紋路。父母倒著聽十來歲子女的音樂，堅稱從混亂噪音中聽見撒旦的訊息。某位男子替重病纏身的兒子祈禱以後，望向病房的木門，從此斷言他在門板上看見耶穌的臉，如今每年仍有數百人造訪那間病房，對此一神蹟嘖嘖稱奇。賭徒聲稱在擲骰子之際會感到熱流或冷顫，據此改變押注目標。

斯賓諾莎的那句話十分吻合人類天性。自然界並不「憎惡」眞空，不會有「憎恨厭惡」之情，也沒有根深柢固的喜好。人類的天性大致也是如此。我們往往沒來由的尋求秩序，雖然並不「想要」從月球表面看見人臉，這種錯覺毫無好處，但我們就是看見了。

我們傾向替模糊事物硬找規律，只是因爲我們用來理解世界的認知機制正是如此。這也許是演化的結果，有助人類適應環境：規律事物容易加以運用，隨機事物則否。我們傾向於尋找模式與關連，從而發展與進步，但問題在於這種傾向太過強烈，近乎直覺反射，導致我們有時會看見壓根不存在的規律。

這牽涉本書會反覆提起的一個主題。許多扭曲判斷的機制其實源自基本認知過程，而認知過程有助我們準確感受並理解世界。確實發現規律的正面例子不勝枚舉，例如婦產科醫師塞麥爾維斯（Ignaz Semmelweis）發現罹患產褥熱的孕婦常是由剛替他人開完刀的醫師接生，生物學家達爾文觀察出加拉巴哥群島不同雀鳥的分布規律，提出物競天擇與進化論。

尋求規律與模式的天性大有助益，尤其最好在發現規律以後，能進一步嚴加分析驗證，塞麥爾維斯與達爾文就屬佳例。然而，我們往往不把觀察結果當作假設，反而當成既定事實，沒有詳加查證，導致我們會相信其實並不存在的現象。

爲求了解這種天性如何害我們弄巧成拙，不妨仔細檢視一個出自體壇的具體例子，不熟體育的讀者無須擔心，這例子很簡單易懂，即使對運動一無所知也能理解，明白其中的通俗道理。

對隨機事件的錯誤知覺

當我打得順的時候，會油然生起信心……會覺得好像沒有人擋得住你。進第一球很重要，最好是空心球，然後你會進第二球……你感覺自己無所不能。

——沃爾德．B．弗里

弗里是一名NBA選手，他這句話幾乎反映了每一位球員與球迷對「手感」的認知。手感是指在籃球場上進球（或不進），並因此得以持續進球（或不進）。一般認為，球員在連進幾球以後會精神放鬆，湧起信心，「打得很順手」，接下來更有辦法進球得分。反之，接連不進以後，球員會「手感變冷」，精神緊繃，遲疑猶豫，接下來幾球也難以命中。

這其實源自社會各界對於「成功會帶來成功」與「失敗會導致失敗」的認知。在某些方面，確實如此。比方說，如果資本雄厚就有許多賺錢手段，因此財務成功以後，往往變得更加生財有道。藝術作品本質飄渺，在藝壇成名能大幅影響世人對作品的評價，因此成功以後，聲勢往往扶搖直上。然而有些地方（賭場立刻浮現心頭）同樣盛行這個說法，卻不過是無稽之談。至於籃球場又是如何？眞有手感發燙這一回事？

我跟學院同仁做過一系列研究探討這個問題。第一步照例是把手感化爲可供驗證的假設，如果球員的手感有冷有熱，進球以後應該比較容易再進下一球，沒進以後則較難投進下一球，亦即會有一陣子很常進球，有一陣子很少進球，不是常態分布。我們訪問一百位老球迷，想了解我們對手感的解讀是否正確，結果獲得正面肯定：其中九一%的球迷認爲「球員連續投進二或三球以後，下一球會比較容易投進，但如果連續二或三球沒進，下一球也比較容易不進。」我們假設有某位球員的投籃命中率是五〇%，他們估計他「剛投進一球以後」，下一球的命中率是六一%，而「剛落空一球以後」，下一球的命中率是四二%。最後，八四%的球迷認爲「最好把球傳給才剛連續投進好幾球的那位球員。」

爲了探究球員是否確實有一段一段的進球區間，我們取得費城七六人隊在一九八〇至八一年整個球季的投籃紀錄（就我們所知，只有七六人隊會依序記錄球員每次投籃的狀況，而非單純加總總數）。我們依照數據分析球員是否在某幾段區間較常進球，詳細數據請見下頁表1.1。分析結果與受訪球迷的看法相左，球員在投進一球、二球或三球以後，下一球並不會更容易投進，而在錯失一球、二球或三球以後，下一球也並非就更容易失手。事實上，如果上一球並未投進，下一球投進的機率反倒稍微提高。如果上一球有投進，下一球的進球率是五一%；如果上一球沒有投進，下一球的進球率是五四%。如果前二球有投進，下一球的進球率是五〇%；如果前二球沒有投進，下一球的進球率是五三%。如果前三球有投進，下一球的進球率是四六%；如果前三球沒有投進，下一球的進球率是五六%。整套數據完全否定「成功會帶來成功」的說法，球員不會比較容易接連進球或接連落空。

我們也檢視了每位球員連續進球的比例是否偏高，或者每次投籃之間其實互不相關。比方說，連續投進四、五或六球的比例是否高於正常概率？是否高

表1.1 七六人隊九名球員按照先前投籃狀況的進球機率

球員	x｜ooo	x｜oo	x｜o	x	x｜x	x｜xx	x｜xxx	r
理察森	.50	.47	.56	.50	.49	.50	.48	-.02
厄文	.52	.51	.51	.52	.53	.52	.48	.02
霍林斯	.50	.49	.46	.46	.46	.46	.32	.00
奇克斯	.77	.60	.60	.56	.55	.54	.59	-.04
瓊斯	.50	.48	.47	.47	.45	.43	.27	-.02
湯尼	.52	.53	.51	.46	.43	.40	.34	-.08
裘西	.61	.58	.58	.54	.53	.47	.53	-.05
米克斯	.70	.56	.52	.52	.51	.48	.36	-.02
道金斯	.88	.73	.71	.62	.57	.58	.51	-.14
平均	.56	.53	.54	.52	.51	.50	.46	-.04

x＝進球　o＝落空　r＝投籃之間的相關度

於硬幣連續擲出四、五或六次正面的概率？然而，數據顯示並非如此。我們另外做了許多更複雜的分析，得到的結果依然一模一樣：**球員每次投球的命中率與先前表現無關**。有趣的是，七六人隊的八名球員在該年度受訪時自認較常連續進球。

我們該怎麼解釋爲何許多人相信「手感」一說，統計數據卻證明沒這回事？多數人的第一個反應是寧願相信確有手感，認爲數據並不可靠。他們堅稱手感確實存在，只是並未反映於這份數據而已，也許手感正旺的球員會挑戰更高難度的射籃，或面臨更加嚴密的防守，結果手感再好也徒勞無功。換言之，也許其他負面因素抵消掉手感的作用。爲了驗證這一套說法，勢必得比較相同的投籃難度與防守強度下的球員表現，而最直接的做法是檢視「罰球」數據：每兩記罰球的難度相等，而且都無人防守。要是眞有手感這回事，如果第一罰投進，第二罰的命中率會較高；如果第一罰未進，第二罰的命中率則較低。可是數據並非如此。我們分析波士頓賽爾蒂克隊兩個球季的罰球數據，發現前後兩次罰球的命中率並不相干。平均而言，無論第一罰是否投進，第二罰的命中率同樣是七五%。

有些人依然不願相信，認爲也許我們沒有完全弄懂手感的意思（儘管根據對球迷的訪談證明我們的理解無誤）。他們指出也許球員連續進球的概率不會高於硬幣連續擲出正面的概率，但兩者的不同點在於球員可以事先預測下一球的投進機率。換言之，也許手感其實是指球員可以預測下一球是否會進，而不是指球員會連續進球。

我們也推翻了這個說法。我們請一組大學籃球員，沿著一條跟籃框等距的弧線投一百球，每次投球之前，他們必須預測這一球是否會進。結果他們相信自己會連續進球，當前一球投進時，他們傾向認爲下一球也會順利投進；但前一球不進時，他們對下一球的預估較趨保守。然而，實際情況是每次投籃之間依然互不影響，進球預測與實際結果是兩回事。換言之，球員既不會連續進球，也無法預測準度，這一套修正過的定義並不成立。

球員似乎會連續進球的原因

值得注意的是，儘管連續進球的機率並未高於正常概率，並不表示球員的表現取決於機率。進球與否依賴於許多因素，其中最重要的是攻守雙方的球技高低，但有一個因素確實不會影響進球，或者說沒有可見的影響，那就是先前一球或數球的進球狀況。這是我們的研究結果。

撇開我們的研究不談，明明手感並不存在，爲何許多人卻信以爲眞呢？我們想到至少兩種解釋。首先，**許多人抱持先入爲主的看法，無法正確解讀眼前**

的現象。由於一般認爲信心會影響表現，許多人連一場籃球賽也沒看過就先認定有連續進球的現象，從而影響看球的感受，對連續進球或連續不進而印象深刻，對兩者頻繁的穿插交錯卻視而不見。或者，一旦球從籃框彈開的常見場面出現，如果那名球員上一球命中了，他們會認爲這一球「差點投進」；如果那名球員先前幾球接連落空，他們則認爲他的手感顯然冷到不行（第四章會深入討論想法與成見造成的偏頗影響）。

第二個解釋涉及更基本的層面，甚至跟任何明顯的成見毫無關連。心理學家發現**人類天生對機率存有誤解**。比方說，我們會低估錢幣連續擲出正面或反面的機率，容易認爲實際結果太過巧合，遇到連續出現四次、五次或六次正面就直呼意外，然而，若以擲硬幣二十次而言，連續出現四次正面的機率高達五〇％；連續出現五次正面的機率是二五％；連續出現六次正面的機率也有一〇％。職業籃球員的平均投籃命中率是五〇％，假設一場球出手二十次（許多球員都是如此），自然很有機會連續命中四球、五球甚至六球，彷彿手感熱得發燙。

為了確認人類對機率的普遍誤解是不是造成手感一說的原因，我們讓球迷看幾串「X」和「O」的組合，告訴他們這兩個符號分別代表進球與落空，請他們指出各串符號是否屬於連續進球或落空的例子。比方說，其中一串是「OXXOXXXOXXOOOXOOXXOO」，其實屬於隨機排列（這一串符號彼此之間並無關連，因此屬於隨機排列，相同符號如XX或OO連續出現的次數等於相異符號如「XO」或「OX」連續出現的次數。），但六二%的受測球迷認為這串符號反映出手感的影響。

他們的錯誤判斷顯然其來有自，這串符號確實看起來像是受到手感影響，前八球總共投進六顆，前十一球更投進八顆！由此可見，球員與球迷並未弄錯：球員確實會連續進球。只是這個現象依然符合一般機率，跟信心與放鬆等因素無關，也就跟傳說中的手感無關。人類對機率存有誤解，球員與球迷犯下的錯誤在於不當解讀眼前現象。

群聚錯覺

人類天生傾向於低估錢幣連續擲出正面或反面的頻率，統計學家把這種現象稱爲「群聚錯覺」（clustering illusion）。在我們眼中，隨機排列看似並不隨機，反而像是有許多相同結果連續出現，因此我們難以照實接受。「錯覺」二字選得十分恰當，因爲這個現象跟知覺方面的錯覺如出一轍，即使反覆檢查也無法破除。

圖1.1是聖路易大拱門，全球數一數二巨大的錯覺建築：高度看似遠大於寬度，實則完全相同。更重要的是，即使

圖1.1 聖路易大拱門

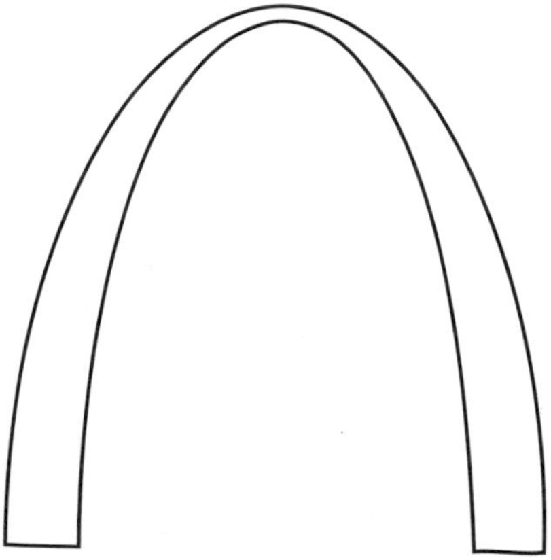

明知兩者等長，視覺上仍非如此，即使多看幾眼也無濟於事，唯有實際測量方可證實。（讀者也不妨動手測量吧。）

籃壇對我們這項研究的反應可供印證。在我們提出研究數據以後，籃壇人士是否會放棄原先對手感的認知？大概不會。賽爾蒂克隊或許是美國運動史上最成功的一支球隊，該隊教練奧爾巴赫聽聞我們的研究結果以後說：「這傢伙是誰啊？誰管他那什麼鳥研究。」率領印地安那大學籃球隊在一九八七年奪得全美冠軍的傑出教練奈特也表示：「影響投籃的因素多不勝數，這種研究根本不值一提。」這類評論並不教人意外。根據機率，連續進球或落空實屬稀鬆平常，因此越是籃壇中人越對投籃手感深信不疑。此外，光是聽到手感不存在，或僅多觀察球賽幾眼，並不足以破除迷思，唯有經過我們這種客觀檢驗才能克服錯覺。

代表性判斷

如果眼光放遠，手感是否存在其實不甚重要，眞正重要的是這個例子清楚反映大眾長期抱持誤解，或許還有其他隨機現象也被誤以爲暗藏規律，就這麼以假爲「眞」。若是如此，我們面臨下一個更關鍵的問題，那就是爲何人類看到隨機排列時，竟然會期待從中獲取解釋。除了人類天生厭惡空白以外，還有什麼原因會使人落入群聚錯覺的陷阱？

目前的最佳解釋出自心理學家康納曼（Daniel Kahneman）與特沃斯基（Amos Tversky），他們認爲原因在於人類做判斷時太受「代表性」所影響。代表性是指**人類傾向觀察各種現象或事物的相似之處，找出明顯甚至浮泛的特點，當作日後判斷的依據**。我們相信「物以類聚」，認爲湊在一起就屬同類，某類事物就該是某個模樣，例如圖書館員有個標準樣子。我們期望結果跟起因相仿，因此傾向認爲胃灼熱是源於香辣菜餚而非清淡飲食，亂七八糟的字跡是反映緊張情緒而非閒適心境。

代表性判斷往往可靠管用，相近事物確實時常湊在一起，例如許多圖書館員確實符合某個標準印象——畢竟這個印象也算其來有自。起因往往與結果相仿：倘若其他因素保持不變，「大」起因會導致「大」結果，複雜起因會導致複雜結果。然而，過度套用卻會適得其反，有些巨大結果（例如傳染病）其實來自渺小原因（例如病毒），有些複雜結果（例如某個地區生態系統的改變）來自單純原因（例如引進某種殺蟲劑）。

代表性判斷會造成群聚錯覺的原因顯而易見。以擲錢幣爲例，最明顯的特點是會擲出正面或反面兩種結果，出現機率大致各占一半。在我們檢視一系列擲硬幣的結果時，會自動拿兩者各占一半的機率與實際結果互相比較，如果正面與反面大致各占一半，我們會認爲是隨機產生的結果，符合隨機排列的代表性特點，但如果正面與反面的比例不等，我們會較難接受。這種直覺反應堪稱正確，前提是統計數量要夠多。根據平均法則（統計學上稱爲「大數法則」），在多次投擲硬幣以後，正面與反面的出現機率會各自趨近五〇%，但如果投擲次數不多，懸殊比例很可能出現。世上並沒有「小數法則」。

群聚錯覺源自過度一般化：我們不只期望正面與反面（還有投進與落空）從長期來看符合正確比例，還希望連分段來看也該如此。舉先前的例子，十一投八中違反各占一半的預期機率，因此不像是隨機排列，雖然這種投球結果屢見不鮮。

對隨機分布的錯覺

群聚錯覺不只造成我們對手感的錯誤認知而已。我們認爲美股漲跌還算有跡可循，股價的隨機波動並不隨機，反倒具備某些模式，自成條理脈絡，精明的投資客足以憑股票的過往表現做出預測並加以獲利，然而實際上要預測美股並非易事。婦產科護士發覺有一陣子較多男嬰出生，有一陣子則較多女嬰出生，於是想出各種不可思議的原因，例如月亮的陰晴圓缺。男女嬰的出生順序屬於隨機排列，在護士看來卻非如此。

群聚錯覺也會影響對圖形分布的感受。如先前所言，我們會「看見」月球表面的人臉及火星表面的紋路，許多有宗教信仰的人明明是注視漫無規律的圖形，例如木紋、雲朵甚至平底鍋裡的焦痕，卻看出各種饒富宗教涵義的圖案。第二次世界大戰後期出現一個明顯例子，當時德軍以V-1飛彈與V-2飛彈等「復仇性武器」轟炸倫敦，在第二次大規模轟炸期間，倫敦居民認定炸彈落點集中於數個區域，亦即有些地方格外危險，但等戰爭結束以後，研究指出炸彈落點是隨機遍布於整個倫敦，儘管德軍的投彈準確度不斷提升，命中倫敦市區的比例日益增加，但準確度終究有限，市區各地遭轟炸的程度並無二致。

儘管如此，會有人認爲炸彈落點集中於特定區域也是情有可原。下頁圖1.2標示出六十七枚V-1飛彈在倫敦市中心的落點位置。如圖所示，隨機分布乍看並不隨機，即使學過統計分析的人也易遭蒙蔽。示意圖的右下角看似滿目瘡痍，左上角也飽受摧殘，右上角與左下角則相對風平浪靜，難怪倫敦居民認爲「根據他們個人的可靠經驗」，炸彈落點集中於特定區域。

仔細檢視圖1.2能進一步了解爲何我們會從隨機分布中「察覺到」規律。想像圖1.2從左右與上下各自對切一半，分成四塊均等區域。誠如剛才所言，右下與左上兩塊區域黑點稠密，右上與左下兩塊區域則黑點稀疏。事實上，根據適當的統計檢定，分割後的圖形遠非各點獨立的隨機分布。（注：這張示意圖適用卡方檢定〔chi-square test〕，其卡方值經計算高達20.69。在正常情況下，這個高卡方值的出現機率只有千分之一。）換言之，若以這種方式畫分整張圖，會得出不符隨機的分布情形。倫敦居民顯然因此認爲炸彈落點往往集中於特定區域。

然而，爲何要以這種方式切割示意圖？（而且爲何只分析這塊地區的統計數據？）爲何不以兩條對角線進

圖1.2 倫敦市中心六十七枚V-1飛彈的落點示意圖

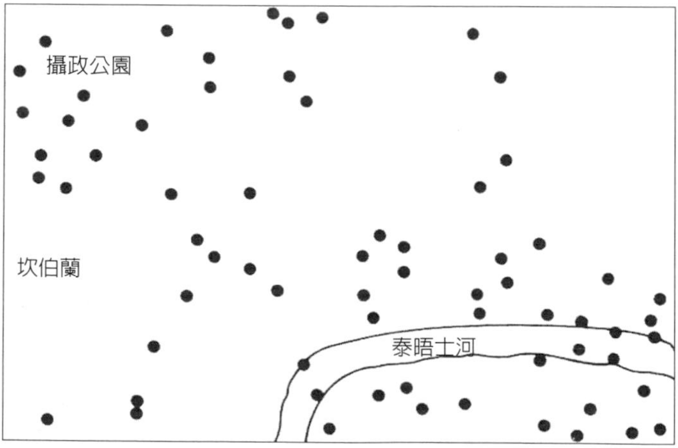

行畫分？如此一來就沒有明顯的集中分布。

重點在於，事後來看總找得到異常分布，做出不公正的統計分析。受過訓練的學者專家（或明理的一般人）會避開這種後見之明的分析謬誤，免得失之偏頗。學者專家碰到這種反常現象時會提出假設，拿其他不相關的資料加以驗證，除非反常現象反覆出現才會認眞看待。

可惜一般人不會這樣嚴謹，看到單一結果就憑直覺下結論，並在事後以偏頗眼光檢視資料，針對明顯反常的現象過度推論，最終找出並不存在的規律。

對錯誤認知自圓其說

這些例子的重點，亦即本章的重點，爲的是指出一個必然的結論：人類很難準確分辨隨機分布，因此產生錯誤認知，有些事物看似有條有理、眞確實在，其實混沌隨機、純屬錯覺。爲了準確感受與理解世界，我們的基本任務是決定某個現象「是否」值得留意與解釋，但我們的判斷常有漏洞。

此外，一旦我們認爲某個現象存在，要解釋來龍去脈並不困難，甚至輕而易舉。根據現有研究，無論某人誤以爲自己在某方面的表現是高於或遜於常人，都可以輕鬆的提出解釋，如果要求他以某個童年經歷（例如蹺家）解釋成年後的所作所爲，像是中年離婚或加入和平工作團隊，他都可以講得振振有詞。人生在世，似乎得有本事解釋各種來龍去脈，說明每個前因後果，而我們都已熟能生巧。

談到人類善於解釋事物的本領，裂腦（split-brain）病患的相關研究是一個明顯例子。裂腦病患的語言能力跟多數人一樣位於左腦，差別在於他們的胼胝體喪失作用，左右腦各自爲政。研究人員讓裂腦病患觀看兩張不同的照片，其中一張是瑞雪覆蓋草皮的照片，由不具語言功能的右腦接收（照片展示於左眼的視線範圍）；另外一張是鳥爪的照片，由具備語言功能的左腦接收（照片展示於右眼的視線範圍），隨後請病患從數張照片中挑出相關照片。

結果如何？病患通常會挑出兩張照片，左手（由右腦控制）也許選上除雪鏟的照片，呼應右腦接收到的雪地照片，右手（由左腦控制）可能選上公雞的照片，呼應左腦接收到的鳥爪照片。兩個選擇都正確無誤，因爲左腦跟右腦都能控制這個反應方式（用手去指）。研究人員進一步請他們解釋這樣選擇的原因，這時就有意思了。原先預期他們會碰到困難，畢竟只有左腦具備處理語言的能力，但結果他們往往毫不遲疑的提出解釋：「噢，簡單啊，雞爪代表著雞，至於鏟子是用來清雞舍。」他們並未解釋爲何挑出鏟子的眞正原因，因爲負責處理語言的左腦並未接收到雪地的照片，但他們依然有辦法提出「合理」解釋：他們檢視手頭上的照片，憑空編造一套說詞。左腦似乎不只處理語言，還有一套解釋模組，兩者各自存在或彼此結合，這套解釋模組即使碰到再異想天開的奇怪資訊，也有辦法迅速輕鬆的找出一番道理。

這項研究與本章提出的看法息息相關，說明**當一個人（誤）以爲某個隨機模式是「眞實」現象以後，他不會想成是費解的特定現象，而是立刻加以解釋**，跟原先的想法與認知兜在一起，自圓其說，對新資訊抱持先入爲主的偏頗解讀，現有想法則日益根深柢固。聰明的讀者大概會發現，先前探討手感的研究不僅反映大眾對隨機事件的錯誤感受，他們對研究結果的普遍反應也清楚凸顯一個現象，那就是人碰到不利事證時，更加死守固有認知。第四章會回頭解釋固有想法與預期將如何影響解讀事情的方式。

統計迴歸的誤解

幾乎所有統計學入門課程都會講授一個重要概念：對兩個不完全相關的變數而言，其中一個變數的極值對應到另外一個變數時，往往會朝平均值靠近，稱爲**迴歸效應**（regression effect）。親子之間的身高息息相關，但並非完全對應。同理，學生在高中與大學的成績不盡相同，公司在連續數年的獲利有高有低，音樂家在每場演奏的表現時好時壞。然而實際上，如果父母非常高䠷，子女往往也身高過人，但平均而言仍矮於父母。如果高中成績在全校數一數二，在大學往往也會表現優異，但平均而言仍不如高中時亮眼。企業往往有幾年表現得慘不忍睹，後來幾年則獲利頗豐，反之亦然。**如果一個變數到達極值，對應的變數通常較靠近平均值，這是統計學上的常見結果。**

爲了明白迴歸效應的起因，請想像一位學生的兩次大學入學考SAT測驗得分之間有何關連。兩次分數都反映該名學生的實際程度加上「隨機誤差」，後者可能拉高或降低分數（比方說，用猜的答案可能猜對或猜錯，試場也許偏吵或安靜，考生前一晚也許輾轉難眠或睡得安穩）。考出極高分數的學生可能是有幾分實力加上好運，而不是有特高實力卻碰到壞運，原因純粹在於前者多過後者（按照我們對「頂尖」的定義，有特高實力的頂尖學生本即少之又少）。因此，前一次成績出類拔萃的學生，下一次的成績多半容易降低，因爲再次碰上好運的機率不高。爲求更清楚了解，不妨想像某位學生在SAT測驗得到滿分，由於分數已達最高，下一次測驗要不就是保持滿分（他確實具有滿分的「資質」），要不就是分數下降（他不具有滿分的「資質」，前一次滿分純屬僥倖）。這樣一來，第一次測驗獲得滿分的學生，第二次測驗的分數通常會下降。同理可證，第一次表現不佳的學生往往在第二次會進步。

迴歸效應不算難懂，修習統計學的多數學生都能在課堂測驗正確作答，無論題目是問父子的身高、母女的智商，還是學生在學術能力測驗與大學平均成績之間的表現差異。然而，我們很難真正打從心底接受任何兩個不完全相關的變數之間具有迴歸效應，其中一個變數的極值對應到另外一個變數時，往往會朝平均值靠近，結果一旦我們踏進真實世界，面臨不甚熟悉的迴歸案例，通常會遇到兩個問題。

首先，一般人做的預測通常不夠穩健，不符迴歸效應。如果子女今年的學業成績名列前茅，父母會期望他們明年同樣表現傑出，甚至更加亮眼。如果某家企業今年獲利極佳，股東會期望明年也表現出色，甚至更勝今年。**這類預測僅考慮現有表現，並未考慮迴歸效應，容易造成投資失利，雇用到不適任的人員，連會計師也會因此錯估風險**。

某個實驗清楚凸顯一般人對迴歸效應的輕忽。研究人員請受試者預估十位學生的在校平均成績，有些受試者獲得跟在校平均成績完全相關的資訊（不是「四．〇」這種「粗略成績點數」，而是「九十九級分」這種「準確百分位數」），有些受試者則獲得跟在校平均成績不太相關的資訊（這十位學生參加幽默感測驗的成績）。根據統計理論，**越有可靠的判斷依據，越不必考慮迴歸**

效應，因此具有完全相關資訊的受試者根本無須考慮迴歸效應，只知道幽默感測驗成績的受試者則該好好考慮。（換言之，無論學生在幽默感測驗表現如何，受試者預測的學業成績都該幾乎接近平均值）。

實驗結果卻非如此。兩組受試者的預測相差無幾，也都幾乎沒有考量迴歸效應。比方說，無論學生是在校平均成績爲九十級分，或者幽默感測驗成績爲九十級分，受試者都做出相同預測，壓根沒有考量迴歸效應。

這種傾向如同群聚錯覺，源自人類天生對代表性判斷的偏好。一般人做預測時，會盡量使預測值跟預測基準一致，亦即與平均值保持相同差距，假設父親是一百九十三公分，兒子最可能的身高也該是一百九十三公分——但其實極少兒子可以達到。代表性判斷再度造成過度一般化的謬誤。就這個例子而言，一般人通常正確意識到，如果變數X和變數Y有關，則可以憑X的數值預估Y，當X出現極值時，Y也該出現極值。比方說，我們認爲高個子父母會生下高個子小孩，結果也通常沒錯。然而，這種直覺往往失之過頭，我們容易預測Y會出現跟X相同的極值，而不是往Y的平均值靠近，例如一百九十三公分的父母極少生出這麼高的子女。

第二個問題稱爲**迴歸謬誤**（regression fallacy），意謂著一般人往往沒有察覺迴歸效應的影響，反而靠複雜無謂的因果推論提出種種「解釋」。如果前一次表現精采非凡，後一次表現乏善可陳，一般人容易認爲原因出在鬆懈。如果重大刑案減少，一般人會認爲是警方推動新法案的功勞。迴歸謬誤與群聚錯覺大同小異，認爲一般人會過度解讀隨機事件。我們在日常生活看見源於迴歸效應的可預期現象，卻提出複雜解釋，導致各種錯誤認知與不當推論。

迴歸謬誤造成的錯誤認知在各行各業隨處可見，例如在體壇就俯拾即是，廣爲流傳的「運動畫刊魔咒」正是一個絕佳例子。許多運動員認爲登上知名雜誌《運動畫刊》的封面很不吉利，無論個人或全隊是因爲何種傑出表現，只要上封面都會蒙受厄運。報導指出，奧運金牌游泳好手芭芭秀芙擔心魔咒纏身，在一九七六年奧運舉辦之前，不願替《運動畫刊》拍照（最後有人向她指出，儘管游泳名將斯皮茨曾登上封面，依然在前幾屆奧運勇奪七面金牌，她才終於不再推辭）。

即使一個人不太懂統計學，也看得出迴歸謬誤如何導致運動畫刊魔咒。運動員的名次表現起起伏伏，並不完全相關，由於迴歸效應使然，要是前一場表現精采萬分，下一場表現多半較爲遜色。運動員會登上《運動畫刊》的封面，代表有報導價值，亦即剛取得耀眼成績，結果在大眾看來，運動員往往在登上封面之前的幾個星期表現得如日中天，在登上封面之後的幾個星期卻表現得相形失色。相信運動畫刊魔咒的人，正如相信投籃手感的人，**所犯的謬誤不在於觀察錯誤，而是在於解讀錯誤**。許多運動員確實在登上《運動畫刊》的封面以後表現不佳，但我們不該認爲他們是受到魔咒拖累，而是應從迴歸效應的角度正確解讀。

迴歸謬誤也會影響父母師長對獎罰效用的看法。心理學家早已知道，管教小孩時，獎勵好表現的效果通常較佳，處罰壞行爲的效果通常較差，但一般人不這樣想，無論現代社會或較早時代的多數父母都喜歡採用處罰手段。一般大眾與心理學家的見解差異來自於迴歸謬誤掩蓋掉獎勵的眞正效果，卻拉高處罰的表面功效。孩童多半是在有傑出表現以後獲得獎勵，但由於迴歸效應的影響，他們下一次的表現往往不會這麼理想，父母師長因此認爲獎勵不太有用，甚至適得其反。反之，孩童表現不佳以後，下一次往往谷底回升，顯得處罰相當管用。換言之，**迴歸效應處罰了獎勵行爲，卻獎勵了處罰行爲**。

某項有趣實驗呈現出這個現象。研究人員請受試者扮演老師，設法讓一名虛構學生在上午八點半準時到校。在連續十五天當中，電腦每天會顯示「這名學生」當日的到校時間，該時間介於八點二十分與八點四十分之間，而受試者每天可以選擇稱讚學生，嚴加責備，或者不置一詞。一如預期，受試者選擇在學生提早或準時到校時提出讚美，在學生遲到時加以責罵。然而，學生每天的到校時間其實經過預先設定，因此受試者前一天的選擇不會造成影響。由於迴歸效應使然，學生通常在遲到挨罵以後變得較早到校（到校時間往八點半靠近），卻在獲得稱讚以後變得晚到（到校時間同樣往八點半靠近），結果七〇%的受試者認爲責備比讚美有效。迴歸效應讓我們心生似是而非的想法，錯估獎勵與處罰的效用。

小結

讀者大概已明白，本章討論的兩個問題（群聚錯覺與迴歸謬誤）如何兩相加乘，讓我們對不實認知深信不疑，尤其造成形形色色的迷思，像是如何讓手感從谷底回升或繼續發燙。我們可能把「連續」的好表現或壞表現太當一回事，導致迴歸效應更加醒目，甚至亟需解釋。

我曾經走訪以色列，並看到一個好例子：以色列北部忽然有許多民眾相繼自然死亡，但大家認爲這是不尋常的凶兆，卻沒有深究死亡率是否確實異常，反而紛紛提出因應措施，尤其有一群猶太教教士認爲禍端在於開放女性參加喪禮，犯下褻瀆神明之罪，解決之道是重新禁止該地區的女性參加。結果禁令立即生效，死亡率也恰好下降，當地民眾會如何看待比解決之道也就可想而知。

這類例子說明我們如何不當解讀隨機事件與迴歸效應，心生錯誤認知。此外，一般人不只拿錯誤認知解釋特定現象，還進而推廣，藉以建構並發展其他一般認知——在本例中，包括相信猶太教士的智慧，相信女性該在社會上扮演何種「適當」角色，甚至相信全知全能的上帝確實存在。

第二章

過度推論：
不完整與不具代表性資料造成的誤解

他們依然執拗的認爲只有「是」才是好答案。他們問我：「那個數字是介於五千到一萬之間嗎？」如果我回答「是」，他們就歡欣鼓舞，如果我回答「不是」，他們就唉聲嘆氣，儘管這兩個回答提供的有用資訊不相上下。

——約翰．霍特，《孩子爲何失敗》

「我親眼見識過。」「我知道有人這樣。」「這常常發生啊。」上述幾句話的共同點在於都是用來支持自己的論點。「我知道占星師可以預測未來，因爲見證過。」「我相信你能正向思考克服癌症，因爲我知道有人靠著正念減壓抗癌成功。」「確實有很多學生在入學第二年會陷入消沉，這常常發生啊。」這些話有時是用來佐證某個論點，有時是用來說服對方相信某個事實，無論屬於何者，背後都有一個根據實際事證做出的特定認知。

這些認知的方向沒錯。一個認知要成立，上述事證確屬必要。如果某個現象確實存在，必然要有相關事證，要有人看見確切的「實例」。然而，單憑幾個事證卻不足以證明某個認知。即使有些靠著正念減壓的癌症病患擺脫了病魔，不代表正念減壓確實有助對抗癌症（畢竟有些病患並未從事正念減壓也能抗癌成功，有些病患從事正念減壓卻仍病入膏肓）。可惜一般人不見得了解必要事證與充分事證的分野，有些事證頂多說明某個認知也許爲眞，卻被過度認眞看待。本章將說明**我們往往樂於仰賴不完整或不具代表性的資訊，錯誤認知也由此而生**。我們通常沒有察覺某個認知背後的事證並不充分，純屬一己之見，反倒深信不疑，認爲只要是明理的人都會憑客觀事證做出相同結論。

	受孕	未受孕
領養	a	b
未領養	c	d

正面資訊的過度影響

許多認知源自兩個變數之間的關連。相信有預知夢，等於相信夢境內容與實際人生有所關連。相信美國增加軍費是造成東歐近期改變的原因，其實等於相信美國的國防經費與蘇聯的國內外政策有關。相信籃球員會連續進球或有手感好壞（詳見第一章），其實是相信連續幾次投籃之間互相有關。

社會學家十分熟悉的二乘二表格可以呈現多數關連與所需事證。請再次回想一般人對不孕夫妻領養小孩以後較易受孕的普遍認知，相關事證可憑以上表格呈現。

在這個表格中，「a」代表領養後受孕的夫妻數目，「b」代表領養後仍未受孕的夫妻數目，依此類推。爲了準確評估領養子女是否會提高受孕機率，有必要比較領養後受孕的機率（a/(a+b)）跟未領養卻受孕的機率（c/(c+d)）。目前許多研究指出一般人容易藉由這類資訊衡量兩者的關連，但儘管我們有時可以準確評估「共變」（co-variation）關連，也時常評估得荒腔走板，主要原因是我們過度看重證明兩者有關的事證，也就是表格中的「a」和「d」，甚至許多人往往單憑「a」就驟下判斷。在這個例子中，一般人特別注意有多少夫妻在領養子女以後成功受孕，暗自混淆充分與必要事證：他們似乎認爲只要有許多正面例子，領養與受孕就確實息息相關。

一項實驗直接展現這個現象。研究人員把受試者分爲兩組，以不同角度提出相同問題，其中一組必須評估在網球比賽前一天練習跟贏球是否有關，另外一組則評估在比賽前一天練球跟輸球是否有關。研究人員請受試者指出，他們認爲需要a、b、c和d中的哪些資訊才能準確證明兩者有關。結果相當耐人尋味：負責評估練習與贏球是否有關的受試者看重練習且贏球的次數，負責評估練習與輸球是否有關的受試者看重練習但輸球的次數。

正面資訊會造成過度影響的最可能原因在於，從認知角度來看，正面資訊較容易處理。現在想像你想判斷人造雨是否有效，如果實施人造雨以後下雨了，顯然能當成佐證，明確指出人造雨的效用。反之，如果沒有進行人造雨時下雨了，則無法證明人造雨是否有效，只能當作間接例證，代表沒有進行人造雨措施的情況，做爲間接衡量人造雨效用的參考基準，因此這個資訊得耗費額外的認知步驟加以處理。

反面資訊較難處理的原因在於多半是以「否定」形式呈現（例如天空在沒有實施人造雨措施時下雨），但我們有時不善處理否定的概念。比方說，「所有希臘人都是人類」這句話不難理解，「所有非人類都不是希臘人」則難懂許多。因此，只要反面資訊是以否定形式呈現，正面資訊會顯得格外引人矚目。現有研究大力支持這個看法。如果上述二乘二表格中的兩個變數是「不對稱」變數，我們會特別留意「方塊 a」。不對稱變數的其中一項是另一項的反面，例如下雨與否，或者收養子女與否，至於對稱變數的兩項則分屬對立性質，例如某個人是男性或女性，或者某間大學是公立或私立。當兩個變數皆爲不對稱變數，正面資訊的影響程度特別顯著，因爲這時四個方塊裡的其中三塊皆爲否定，而誠如前所述，否定資訊並不容易處理。當年培根曾說過：「人類始終留意正面而輕忽反面，這可是個古怪錯誤。」

錯誤認知的其中一個成因，顯然在於我們不善察覺共變關連。**我們太過關注正面例子，有時會「發現」並不存在的關連**。現實世界有許多現象相當引人矚目，即使兩個變數之間毫無關連，仍會遇到許多正面例證。比方說，我們普遍認爲一旦丟掉某樣東西，很容易沒過多久就偏偏要用它，儘管這個認知顯然不正確，卻不難找到例子佐證。一般人常把必要證據與充分證據混爲一談，拿薄弱事例驗證各種認知，不免造成錯誤認知。

尋求正面資訊的傾向

一般人在驗證認知或假設時，不僅單純分析相關資訊，往往還**樂於蒐集特定資訊，找出肯定的例子，而非否定的例子**。換言之，在提出疑問或尋找資訊時，其實是想證明假設「沒錯」。爲了探究這個傾向，某項實驗的研究人員發給受試者每人四張牌，正面分別寫有A、B、2或3，並告訴受試者：每張牌都是一面寫著數字，而另一面寫著字母，然後請他們藉由翻開適當的牌來判斷是否：「每張其中一面是A的牌，另外一面必然寫著偶數。」（讀者不妨花點時間思考該翻哪些牌。）

一般人的反應是翻開「A」和「2」等二張牌，自認這樣可以證明題目的假設是否正確，但其實翻開「2」那張牌無法提供所需佐證，因爲它只能肯定假設爲眞（另一面是A即肯定假設爲眞，另一面是B則跟假設無關）。另一方面，很少人會翻開「3」那張牌，雖然它能提供的佐證跟其他張牌至少不相上下，只需一個步驟即可推翻假設（只要另一面是A，就能證明不是每張其中一面是A的牌，另外一面都是偶數）。

這項實驗格外引人深思，清楚指出即使我們並不渴望證明假設爲眞，依然傾向於尋找正面佐證。這些受試者當然不在乎是否每張其中一面是A的牌，另外一面都是偶數，他們會找正面佐證純粹因爲這樣做似乎跟題目最直接相關。

有趣的是，根據研究證實，如果選項出自實際狀況，一般人會答得好上許多，更可能翻出正確的牌，甚至只會翻出正確的牌。比方說，假設你想證明「每個喝酒的人都年滿二十一歲」，在你面前有四張牌，每張牌的其中一面寫有年齡，另外一面寫有所喝飲品，現在每張牌朝上的一面分別是「喝啤酒」「喝可樂」「二十五歲」跟「十六歲」，你會怎麼翻牌？多數人會翻開「喝啤酒」跟「十六歲」兩張牌，但不打算翻開「二十五歲」這張能提供肯定佐證的牌。

一般人並非碰到任何有關實際狀況的題目都能答得較佳，而是要碰到有關「許可與否」的題目，例如年滿二十一歲的成年人才准飲酒。當然，即使一般人在某些狀況下不會尋求正面佐證，在多數狀況下，他們依然傾向尋找正面資訊以判斷假設是否爲眞。

從本章開頭引述霍特的那一段話，也看得出我們直覺認爲正面資訊比反面資訊管用。就霍特的例子而言，這群小學生要從一到一萬當中猜出老師所選的數字，總共可以提問二十次，當老師回答「是，這個數字介於五千到一萬之間」，學生會歡欣鼓舞，但當老師回答「不是，這個數字不是介於五千到一萬之間」，學生會唉聲嘆氣，即使這兩個回答其實是一體兩面，提供同樣多的資訊。學生之所以較難察覺後者的資訊同樣管用，原因顯然在於**後者需要多花一個認知步驟來處理**：他們必須把「不是介於五千和一萬之間」在心中轉換為「是介於一和五千之間」。

小心別被問題牽著走

不少研究探討過人類尋求正面資訊的傾向對日常生活判斷有多大影響。在多數實驗中，研究人員會提供一份問題清單，供受試者從中挑選一組問題，拿來詢問目標對象，藉此判斷他是否具備某項人格特質（例如外向）。一如預料，多數實驗指出受試者有時表現甚佳，知道哪些問題可以有效區分內向與外向性格，而且往往選擇最能分辨兩者的提問。

然而，受試者有時也顯然表現不佳，太想提出可以憑正面答覆來證實假設的問題。比方說，如果目標是判斷對方外向與否，受試者傾向問他是否善於社交，如果目標是判斷對方內向與否，受試者傾向於問他是否不善社交。

雖然偏向單方面的問題並非只能證明假設爲眞，卻容易造成誤判。背後原因有很多，首先，**當問題容易太過片面，只能得到符合假設的回答**。比方說，一項廣獲引述的研究指出，當受試者必須判斷目標對象是否外向，他們喜歡問：「你會怎麼活絡派對的氣氛？」這類問題顯然不會得到否定的回答，因爲即使最孤僻內向的人也參加過一、二場派對，他至少有辦法跟受試者討論該如何活絡氣氛。換言之，一旦問出這種局限的問題，連內向的人也會顯得外向。這項實驗錄下目標對象的回答，然後請一組人判斷他們的性格，結果那組人感覺如果受試者必須判斷目標對象是否外向，目標對象的答題反應會較偏外向，但如果受試者是想判斷目標對象是否內向，目標對象的答題反應則較偏內向。由此可見，受試者傾向選擇能驗證假設的問題。

此外，即使受試者並未提出這類局限的問題，由於他們多半是提出正面問題，換得的答覆往往是代表正面反應的多寡，而不是證明假設的眞僞。比方說，你想判斷某人是否內向，因此提出可能證明他確實內向的問題：「你有時候會不會覺得在派對上很難眞正放得開？」對方的回答往往不具參考價值，畢竟無論是外向或內向的人，答案都如出一轍：對呀，有時候很難眞正放得開。現在假設世界上有五〇%的人屬於內向個性，五〇%的人屬於外向個性，而內向的人有九〇%會說有時候很難眞正放得開，外向的人則有七〇%會這樣說。在此條件下，這個問題確實有助判斷一個人是否內向（內向的人有九〇%會給出正面答覆，外向的人則只有七〇%如此），而且也不會局限對方的答案（對方大可回答說：「不會啊，我覺得要放得開還滿簡單的。」）然而，由於無論對方的個性是內向（九〇%）或外向（七〇%），往往都會給出正面答覆，因此受試者判斷對方是內向個性的機率是八〇%（(90%+70%)/2），但在給出正面答覆的例子中，對方確實屬於內向個性的機率只有五六%（(90%/2)/[(90%+70%/2)]）。

如果受試者要從個人記憶中尋找相關佐證，而非詢問他人，這時往往也是想找到可以證實假設的事例。在某個研究中，受試者要讀一篇關於某位女性的故事，故事主角隨情節發展做出各式各樣或內向或外向的典型行爲。兩天後，研究人員請一半的受試者評估她是否適合擔任房仲人員（一般認爲房仲需要長袖善舞），請另外一半的受試者評估她是否適合擔任圖書館員（一般認爲圖書館員多半內向）。研究人員請受試者回想她做過哪些內向或外向的行爲，結果兩組受試者的回答大不相同：負責評估她是否適合當房仲的受試者想起較多外向行爲，而負責評估她是否適合當圖書館員的受試者則想起較多內向行爲。

另外一項實驗雖然是探討截然不同的問題，但也證明一般人傾向找出正面佐證。這項實驗旨在探討認知相似性（perceived similarity）的心理基礎，研究人員請受試者指出是東德與西德比較相似，還是斯里蘭卡與尼泊爾比較相似，結果多數受試者認爲是東德與西德。另外一組受試者則被問到是東德與西德的差異較大，還是斯里蘭卡與尼泊爾的差異較大，而多數答案也是東德與西德。這樣說來，跟斯里蘭卡與尼泊爾相比，東德與西德既較相似又較不同。這實在不可思議，到底是怎麼回事？

公認的解釋是**人在判斷相似程度時，主要會比較兩者的相同之處**。一般人

（此處是指西方人）通常對東德跟西德知之甚詳，對斯里蘭卡與尼泊爾知之甚少，因此可以想出東西德較多的共同點，進而認爲兩者比較相似。另一方面，在判斷相異程度時，主要會比較兩者的不同之處，也就是兩者的特點，於是同理可證，由於一般人比較了解東德與西德，不太了解斯里蘭卡與尼泊爾，結果容易想到東西德的相異之處，進而認爲兩者比較不同。

回到本章的重點，這項實驗再度指出我們傾向尋找能印證假設的例子。如果我們要評估兩者的相似程度，往往會留意類似之處，但不太注意不同之處。如果我們要評估兩者的相異程度，則往往留意不同之處而非類似之處。換言之，要是我們必須判斷兩者是否相似，我們會尋找印證兩者相似而非相異的例子；要是必須判斷兩者是否差異甚大，則採相反做法。這麼做的結果是，我們可能被問題牽著鼻子走。

圖2.1 篩選成績與實際表現

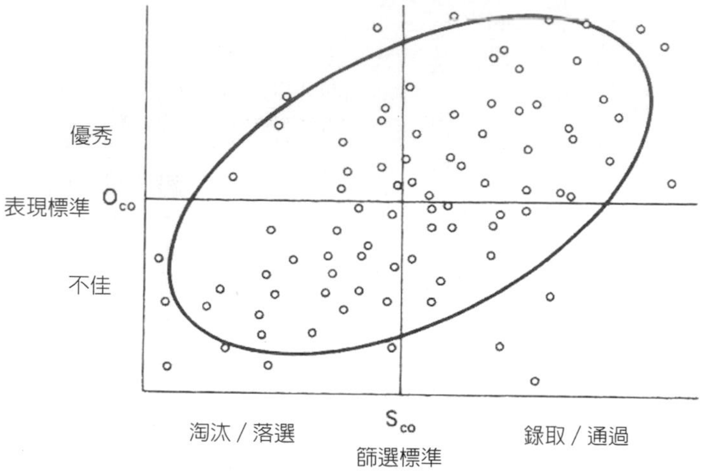

資料缺乏的問題

根據上述研究，由於我們無法充分利用手邊資訊，因此難以準確判斷假設或認知是否正確。然而，許多時候我們甚至根本無從取得重要資訊，想要準確判斷簡直是雪上加霜。

圖2.1屬於先前討論過的二乘二表格，X軸代表先期「篩選」成績，Y軸代表實際「表現」成績，例如分別表示求職面試成績與日後實際表現、SAT成績與大學平均分數，或者實驗獎助金申請分數與

實際研究成果。

圖2.1的每個圓點代表一個人的篩選成績與日後表現，從圓點集中於右上與左下兩塊（由斜橢圓標示）能看出兩者息息相關。有些人的篩選成績極高，足證日後應有傑出表現，因此通過篩選，例如求職者獲得錄取，在SAT測驗取得高分的學生順利申請到學校。同理，有些人的日後表現相當優秀，例如新員工靠精采表現替公司立下汗馬功勞，或大學新生認眞拚出高分並帶動同儕的學習風氣。縱線S代表錄取與淘汰的分界，橫線O代表表現優秀與表現不佳的分界，四個方塊如同先前所述的二乘二表格，可以反映篩選結果與日後表現是否相關，亦即篩選結果能否預測實際表現？爲了回答這個問題，有必要比較通過篩選者（右邊兩塊）及未通過篩選者（左邊兩塊）日後的表現。

然而重點在於，即使我們明知如此，卻往往無法進行比較。起初表現不佳的人根本沒有通過篩選，例如沒有錄取工作、無法進入名校或研究經費捉襟見肘，我們無從得知他們當中有多少人在日後會表現傑出。既然無從得知「落選者」若未落選會有何種表現，衡量篩選成效的唯一方法是檢視有多少「錄取者」日後確實表現優秀——但這樣無法比較出正確結果。如果多數人日後都有優秀表現（亦即多數落選者日後也很傑出），我們也許會誤以爲篩選標準十分可靠，儘管實際上並非如此。換言之，如果申請者幾乎都是佼佼者，無論篩選成績如何，日後多半表現出色，那麼我們很容易誤以爲篩選標準相當有效。名校、大企業和獎助單位的面試人員所碰到的申請者多屬各路好手，他們左看右看，多半覺得自己的判斷非常正確，整套篩選機制非常有效。然而，要是不知道落選者的日後表現，這種結論並不牢靠。

篩選標準顯得有效的另一個原因純粹在於，光是獲得「錄取」就讓一個人享有優勢。有些學者在獲得研究獎助以後，表現蒸蒸日上，勝過未獲獎助的學者，但原因不是他們有獨到的研究想法，而是他們能靠獎助金徹底檢驗各個想法。有些學生在SAT測驗考取高分，躋身名校，日後在專業領域功成名就，但他們的成功有部分應歸功名校提供的一流學習環境。

且比較圖2.1和圖2.2，只憑錄取者表現做判斷的風險立刻一覽無遺。圖2.1完整呈現四塊區域的資料，我們不僅看得到錄取者的日後表現，也看得到未

圖2.2 一般狀況下，實際能取得的篩選成績與實際表現資料

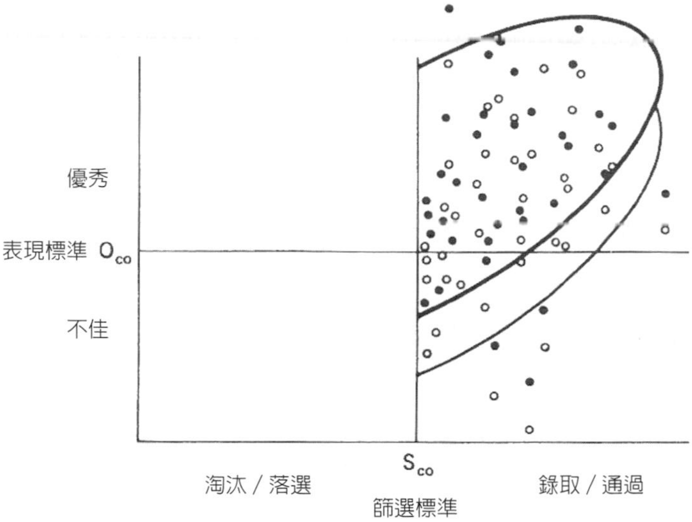

錄取者如果通過篩選會有的表現。此外，這張圖假設每個人都獲錄取，沒有誰享有額外優勢。圖2.2卻大不相同，整張圖較爲符合眞實狀況，落選者日後表現的資料付之闕如，也就無從判定篩選標準是否有效。此外，這張圖呈現錄取者如何憑藉優勢而有更佳表現（從每個白點往上標示出黑點），半個橢圓因此上移。

兩相加乘以後，幾乎所有黑點全落在右上區塊，代表通過篩選者日後確實表現優秀。

左半邊的資料付之闕如，右半邊的資料又憑人爲因素提高到右上區塊。若將圖2.1和圖2.2加以比較，可以看出篩選標準顯得更加有效。若是其他例子，原本毫無參考價值的篩選標準也因此顯得尚稱可取。

值得注意的是，圖2.1和圖2.2也反映面試人員在何種狀況下能避免高估自己的判斷能力，例如當他們可以得知未錄取者的日後表現時，就不容易陷入志得意滿的錯覺。我們刷掉某位申請者以後，有時反倒耿耿於懷。棒球隊高層有時會錯估某位球員的潛力，把他交易出去，但往後無法永遠對錯誤視而不見：他有時會回來比賽，把原東家宰得落花流水。同理，歌壇新秀忽然爆紅以後，原先認爲那位新秀「無法出頭」的星探往往扼腕不已。研究指出，在「人才終將嶄露頭角」的行業中，高層對自己的眼光好壞心知肚明，如果曾看走眼，日後終將發覺錯誤。

圖2.1和圖2.2的適用範圍很廣，不只能評估篩選標準的好壞，還能檢驗政策的良莠。**我們在評估政策的效力之際會碰到一個大難題，那就是無從得知如果不實行政策會是什麼情況**。實施政策不像進行實驗，沒有對照組可供比較，我

們無從知道如果推行另一套政策會有何結果，想判斷政策的好壞優劣也就難上加難。如果局面大好，再彆腳的政策也顯得聰明睿智；假如局面大壞，再明智的政策也顯得愚蠢不堪。現在回到棒球的例子，這就是教練的成敗時常繫於救援投手的原因。假設牛棚裡沒有優秀的救援投手，如果教練換救援投手上場，導致戰況被逆轉，球迷會大嘆他執教不力；如果教練遲遲不換救援投手上場，導致先發投手過度疲累並輸球，球迷也會罵聲四起。要是只有一手爛牌，想不動輒得咎也難。

有個普遍認爲失敗透頂的政策更能清楚凸顯這現象：美國出兵參與越戰。整場戰役慘絕人寰，超過五萬名美軍喪生，造成傷害無以計數，但越南依舊赤化爲共產國家。然而，現在不妨探討我們可以從中獲得的啓示，或探討當年改採另一套政策會有何結果。至少從當年執政的民主黨來看，不出兵同樣得付出慘痛代價：繼先前民主黨執政期間失去中國以後，越南亦遭赤化，民主勢力在東南亞節節敗退，美國本土右翼勢力大幅抬頭，而且美國沒有學到慘痛教訓，仍以爲美軍無所不能，終將在別場戰役損失慘重。換言之，如果美國並未參與越戰，美國人民大概也會深感不滿，認爲政府該採取更強硬的手段。有時局勢不佳，無論哪一種政策都會引起不滿，但畢竟我們終究只能實際採取一套政策，因此往往看不清這一點。

由於缺乏佐證資料的問題，許多人也低估SAT測驗的效果，認爲測驗成績不太能反映日後在大學的實際表現，多數學生的在校平均成績與SAT成績不太相關（兩者的相關係數約爲〇・二）。然而，我們必須明白SAT成績大不相同的學生往往不會申請同一所大學，高分學生通常申請名校，低分學生通常申請一般學校，因此分數相差甚大的學生並不一起就讀，我們無從得知如果他們同校競技會有何結果，頂多比較同校學生的在校平均成績與SAT成績，獲得偏小的相關係數，反映出SAT成績無法非常準確的區分學生，無法保證六百一十分的學生上大學後必然勝過五百七十分的學生。

不過這項測驗也許確實能粗略區分學生的實力高低。也許六百一十分的學生上大學後往往比四百一十分的學生表現得更出色。若是如此，只要有辦法比較測驗成績差異較大的學生，就能得到較顯著的相關係數。事實確實如此。有些大學採取免試入學制度，一般學生會選擇就讀，但由於地點優勢，也受到許多SAT成績極高學生的青睞，在這種個別學生差異較大的學校裡，在校平均成績與SAT成績的相關係數約介於〇．六與〇．七，SAT成績較高的學生確實多半表現較佳。大眾只看採取普通入學方式的學校，資料頗受局限，才誤以為SAT測驗難以評定學生的優劣高下，結果質疑四起，爭議屢現（注：值得注意的是，這裡只討論到SAT測驗的其中一個問題：測驗成績能否反映學生上大學後的在校平均成績。經適當分析後，這個批評實屬誤會。可是我們並未分析其他議題，諸如這項測驗是否帶有文化偏見，或者在校平均成績是否為衡量表現的最佳方式）。

缺乏佐證資料的問題，不僅影響我們對政策好壞的評估，顯然也影響我們對日常生活的各種認知。我們在社會各司其職，受限於生活背景與身分角色，往往無法獲得各種重要資訊，也就無法不偏不倚的看清世界。有些研究型大學規模龐大，師生互動較不密切，教授往往很早發現自己必須用心留意，否則多半只會感受到難纏學生的刁難抱怨，不會感受到貼心學生的溫暖回饋。同理，處理酗酒患者的治療師由於經驗使然，容易預設患者都是酒癮嚴重的大酒鬼。

有時，我們能看得更廣，突破個人經驗的局限，但這並非易事：爲了達成這個目標，我們不僅必須有自知之明，還得懂得分辨自己到底是缺乏哪些資訊。

自我應驗預言：資料欠缺的特殊問題

資料欠缺會造成另一個特殊問題：**如果我們心中抱持某種預期，眼中的世界會截然不同，這時只能看見表象**，並未深究內裡，並未想到如果換一套做法，事情結果或許就不盡相同。社會學家莫頓以「自我應驗預言」（Self-fulfilling prophecy）描述這個現象並舉例說明，如果謠傳某家銀行即將破產，大眾便陷入恐慌、紛紛擠兌，導致銀行確實破產。

自我應驗預言的許多層面值得分析探討。首先，自我應驗預言格外醒目，也許易遭誇大。其實，並非每個預言都屬於自我應驗。就如心理學家道斯（Robyn Dawes）所言，有些預言則是期望不會發生，例如橫衝直撞的駕駛猛說：「我才不會出車禍。」總之，預言若欲成眞，必然有一套機制把心理預期轉化爲實際行動。

以下實驗清楚展現自我應驗預言的局限。實驗期間，受試者操作數次標準「囚徒困境」（prisoner's dilemma）賽局，當他們聽完規則講解以後，必須說出賽局的重點。「合作型玩家」認爲重點在於跟對方合作，雙方一起贏得最佳結果，「競爭型玩家」則認爲重點在於跟對方審慎競爭，替自己贏得最佳結果。

囚徒困境是最多研究人員用來探討衝突與兩難處境的賽局類型。在最初版本中，一對搭檔犯下罪行，由於地方檢察官手中的罪證不足，於是跟兩位嫌犯分別問訊，給他們機會私下招認並作證對方有罪。如果只有一方認罪，另外一方則否，認罪的一方可以無罪獲釋，對方則服刑十年。如果都不認罪，兩人都服刑一年。如果都認罪，兩人都服刑五年。

參與囚徒困境賽局的受試者必須決定要認罪（「背叛」對方，與對方競爭）或不認罪（與對方合作）。值得注意的是，對自己而言背叛總是較好，無論對方有何選擇都是如此（如果對方認罪，自己只要服刑五年而非十年。如果對方並未認罪，自己不必服刑而非坐牢一年）。然而，雙方都認罪的結果（各自服刑五年）顯然遠遠不如雙方都不認罪（各自服刑一年）。

囚徒困境賽局可以保留基本架構，修改情節與條件，成爲不同版本，供受試者（與相同或不同對象）進行多場賽局，雙方彼此「合作」或「競爭」，贏取或損失獎金。

合作型玩家與競爭型玩家把觀點付諸實行時即分出高下。如果兩個合作型玩家湊在一起，很快能攜手並進。如果合作型玩家遇上競爭型玩家，合作型玩家不得不採取較偏競爭的手段以免不斷失利。相較之下，競爭型玩家總是陷入割喉戰：如果碰到另外一位競爭型玩家，很快會兩敗俱傷；如果碰到合作型玩家，對方爲求自保，也得採取競爭手段。競爭行爲容易迫使對方以牙還牙，合作行爲卻不見得鼓勵對方也攜手合作，因此競爭型玩家幾乎都可以確認原本的想法，認定世上確實充斥著自私自利的投機分子，合作型玩家的樂觀想法卻常遭否定。可嘆的是，負面預言往往得到應驗。

大家常忽略的另外一點在於，**自我應驗預言往往是誇大有確實根據的認**

知，而非憑空創造完全錯誤的認知。破產傳言纏身的銀行，多半確實面臨困境。師長認爲萬中選一的天才學生，多半確實資質過人。這一點常遭忽略的原因出在相關實驗背後的邏輯：比方說，研究人員想證明師長的期許確實會影響學生的表現，就必須請受測老師刻意對每位學生有不同期許，即使對表現相當的學生也不例外，這樣一來，學生往後的不同表現才可歸諸於自我應驗預言的效果。然而，現實世界裡的各種預期並非憑空出現，而是有憑有據，因此自我應驗預言通常是化小爲大，不是無中生有。

最後我還想提一點，那就是自我應驗預言其實分爲兩種：一種是眞正的**自我應驗預言**，另外一種是**表面應驗預言**。誠如先前所述，眞正的自我應驗預言是指由內心預期引起實際結果，例如你覺得某人對你有敵意，會對他避而遠之，從而導致對方確實對你產生敵意。另一方面，表面應驗預言是指依照內心預期來徹底改變對方或限制其反應，導致對方幾乎無法推翻你的預測。換言之，預期得以實現並不是因爲對方主動被牽著鼻子走，而是因爲對方沒有機會扭轉看法。比方說，如果某人認爲我不太友善，他會徹底避開我，因此我無從扭轉錯誤印象，而他也會認爲自己想得果然沒錯。如果教練認爲某些少棒選手不太行，只讓他們負責防守次要區域（對少棒而言是指右外野），導致他們很少有機會扳回一城並嶄露頭角，遲遲無法對球隊做出貢獻，最後大家容易誤以爲他們的確能力欠佳，沒有察覺原因其實出在他們缺乏立下汗馬功勞的機會。

表面應驗預言顯然是資料欠缺的特例。如果抱持成見，看不見觀察對象的特定行爲，最後會得到偏頗謬誤的認知，先前提及的企業主管、大學入學面試人員與研究獎助金審核人員都可能犯下此一錯誤：即使他們刷掉優秀的申請者，也難以得知自己判斷錯誤。先前那項有關驗證假設的研究亦屬佳例：受試者想判斷目標對象是否屬於外向個性時，常問對方是如何活絡派對氣氛，這時對方只會講出可以活絡氣氛的方式，不太容易流露內向的一面。

由於表面應驗預言使然，**負面的第一印象容易漸漸變得根深柢固，正面的第一印象則較不容易**。如果我們討厭某人，會盡量避開對方，導致對方沒有機會扭轉負面印象。另一方面，如果我們喜歡某人，會設法親近對方，對方就有許多機會露出眞相，毀掉良好印象。這不免可悲，但也能正面看待：既然知道壞印象比好印象更難改變，不妨給討厭的對象多些扭轉印象的機會。

站在了解錯誤認知的立場，可以清楚察覺表面應驗預言的負面影響似曾相識。如同先前所言，我們不僅喜歡尋求正面佐證，還面臨缺乏資料的問題，再加上表面應驗預言的負面影響，結果我們只得到不完整與不具代表性的資料，藉以判斷世事。除非我們體認問題所在，適當加以調整，否則終究會陷入一個又一個錯誤認知。

第三章

預設立場：資料模糊與矛盾所造成的偏頗評估

……

我信故我見。

——心理學家　皮特曼（Thane Pittman）

人生是一連串的權衡取捨，有一得往往就有一失。欲速則不達，欲達則不速。一旦公司擴張，容易變得繁文縟節，老闆無法事必躬親，與當初的成功原因漸行漸遠。人類具備無與倫比的高度智能，但生物學家指出，由於高度智能所需的腦容量太大，產道卻太窄，導致我們出生時腦部發展仍不成熟，嬰幼兒期異常漫長且無助。

日常生活的推理判斷也牽涉各種權衡取捨。當我們下判斷與做決策之際，會暗自運用各式各樣的規則與策略，化繁爲簡，方能比較輕鬆容易的解決問題。這類策略往往有效，但有一利就有一弊，有時簡化問題會造成系統性錯誤。換言之，我們得面臨利弊衡量。

第二章討論的「代表性判斷」就屬佳例。我們常靠代表性做判斷，認爲起因往往與結果相仿：重大起因會導致重大結果，複雜起因會導致複雜結果。這個假設有時爲眞，有助我們減少考量因素，更容易歸納出前因後果。然而，起因有時與結果並不相仿（例如微小病毒能造成嚴重傳染病），要是過度依賴這個假設，容易忽略重要的因果關係，做出無中生有的錯誤觀察。這堪稱雙面刃，既有助輕鬆判斷，也容易導致諸多誤判。

最能反映判斷箇中利弊的例子，就是預設立場如何左右我們對新資訊的解讀方向。**如果懷有預設立場，往往只看到自己喜歡的事證，做出自己偏好的判斷**。如果新資訊符合原有認知，我們往往欣然接受。如果新資訊不符合原有認知，我們就會一再查驗，不願相信。這時預設立場反倒害我們難以準確判斷新資訊。

必要的偏見

乍聽之下，我們常認爲偏見不合理，往往有害。比方說，我們會想到狹隘、保守的人士，他們對種族、性別或職業抱持刻板印象，難以接受別人不同的人格特質。或者，我們會想到盲目死守過時教條的教徒信眾。的確，預設立場通常有害，容易導致許多不實與錯誤認知，但當我們面對各種正反資訊之際，偏見影響的程度，可是比多數人想像的更幽微、複雜。

複雜之處在於，我們也不該一輩子以同等態度看待萬事萬物，而是每當碰見反例就要重新思索。如果某個認知已然經過長期反覆驗證，在我們碰到反面事例時確實應持懷疑態度，至於正面佐證則可放心接受。比方說，如果有人提出冷核聚變的論文，其他科學家當然可以半信半疑，因爲冷核聚變不甚符合現有的科學理論。我們也大可用懷疑眼光看待幽浮、人體飄浮與神奇抗癌偏方。許多知識有憑有據，經過反覆驗證，與之相左的說法不該輕易相信，符合的說法則不妨安心接受。舉個極端的例子，假設報紙上出現兩個標題，一個是「蘇聯共和國解體」，另一個是「火星上發現貓王雕像」，我們當然不必把兩個標題都嚴肅看待。

以不同態度看待新資訊實屬合理，過度偏頗卻恐有疑慮。現在有些人對冷核聚變嗤之以鼻，但十七世紀的教士也對伽利略大力撻伐，不認爲地球如他所言是繞著太陽旋轉，反而把他軟禁在家，餘生八年無法外出——我們到底該如何判斷懷疑態度是否尚屬合理範圍？某方面而言，我們必須分辨懷疑態度與保守思想。許多科學家儘管懷疑冷核聚變的眞僞，依然在實驗室設法檢驗，至於許多教士則兀自否定伽利略的學說，拒絕理會各種佐證。然而，現有認知與觀念的基礎也同樣重要。我們接收到新資訊時，可以靠現有認知與觀念評估是否合理有據，要是有誰宣稱人體確實可以飄浮，我們大可置之不理，因爲地心引力的理論已獲反覆驗證，無從動搖。我們不該隨便揚棄有憑有據的認知與觀念，即使碰到幾個特定「事實」反證也不必動搖。相較之下，許多有關種族、性別和職業的刻板印象則問題重重，缺乏可靠佐證，僅是無中生有。

這些在在指出問題的錯綜複雜。成見並非一無是處，有時反而實屬必要，箇中拿捏取決於我們是否有能力善用一般觀念與既有資訊，看出前因後果，釐清來龍去脈——並適度偏頗的解讀手頭事例。比方說，有報紙標題寫道「副總統孟岱爾面目無比可憎」，這一行文字模稜兩可，既可以指他的競選策略，也可以指他的實際相貌，但我們具備背景知識，足以立刻輕鬆判斷出正確意思。

值得注意的是，學界已證明再先進的電腦都無法做出這種「簡單」推論。因此，要是我們無法根據脈絡對已知資訊做出額外推論，就跟超級電腦一樣無知。各種觀念、成見與「偏見」有利有弊，既害我們偶出差錯，也使我們聰明絕頂。

偏見之路

模糊資訊

偏見會從兩個方面影響我們對新資訊的評估狀況，這主要取決於資訊是否模糊難辨或模稜兩可。**如果我們碰到完全模糊難辨的資訊，通常會直接套上預設立場**。比方說，「13」既可能解讀爲「12、13、14」，也可能解讀爲「A、13、C」。同理，喜歡的對象露出微笑，我們會覺得溫暖友善，但討厭的對象露出微笑，我們會覺得卑鄙可憎。

有個例子格外有趣，既牽涉我們對黑色的負面觀感，也凸顯自己對黑色穿著的心理反應。自從電影問世以來，「壞蛋」往往戴黑帽，而心理研究指出這種手法把握住一個非常廣泛的心理現象：根據世界各地的研究調查，各文化都認爲黑色代表邪惡與死亡。

這個負面聯想在體壇造成許多有趣結果。我跟同事法蘭克訪問過一組受試者，請他們替美式足球隊與曲棍球隊的數套球衣評分，結果他們認爲黑色的球衣讓球員顯得「蠻橫」「卑鄙」與「暴力」。黑衣球員的一舉一動容易蒙受偏見，導致動輒得咎。我們請數名專業裁判擇一觀看兩支同屬激烈爭球的美式足球比賽影片，其中一支影片的球員穿黑衣，另外一支影片的球員穿白衣，結果觀看黑球衣影片的教練認爲賽況暴力並構成犯規，觀看白球衣影片的教練則覺得尚可接受。他們確實受一般成見影響，「看見」心中預設的畫面。綜觀過去二十年這兩種職業運動的大小賽事，穿黑色球衣的球隊確實受偏見所累，吃下的犯規次數遠遠高過平均，而這結果並不教人意外。

非模糊資訊

預設立場卻是從另外一個方面影響我們解讀非模糊資訊的方式。我們衡量清楚的資訊時，絕少遭受嚴重誤導，不會錯把牴觸原本認知的資訊當成正面佐證。此外，由於預設立場使然，我們也不會忽視矛盾資訊，只看正面資訊，反而會嚴加檢視矛盾資訊，只在遇到矛盾資訊時尋找額外佐證，甚至更常見的是根據成見解讀新資訊。**我們喜歡理性連貫的思維，因此不願只是忽視矛盾資訊，反而會小心翼翼的妥善「處理」，設法自圓其說**（第四章提到動機造成的偏見時也有類似論證）。

有個實驗清楚展現我們自圓其說的傾向。研究人員找來擁護與反對死刑的受試者，打散分爲兩組，請他們閱讀兩篇有關死刑是否能遏止犯罪的論文概要，內容包含研究步驟、研究結果與結論。一篇爲支持立場，一篇爲反對立場。其中一組受試者拿到的資料中，支持死刑的研究比較了同一州在廢除死刑前後的謀殺率，而反對死刑的研究則是比較了不同州的謀殺率，其中有些州會執行死刑，有些州已廢除死刑。另外一組受試者拿到的資料則相反，支持死刑的研究比較了不同州的謀殺率，反對死刑的研究則是比較同一州。因此，無論是擁護或反對死刑的受試者，其中一半都是讀到某一套支持與反對的研究，另外一半則讀到另一套。

實驗結果令人驚訝。無論受試者手中拿到的是哪一份資料，都認爲支持自己原先想法的研究比較嚴謹，舉出的佐證比較可靠，至於反對自己原先想法的研究則漏洞百出。綜合而論，兩組受試者變得更涇渭分明：雙方讀完正反兩面的研究資料以後，都對原本的想法更加深信不移。

現在想一下本實驗的受試者沒有做出哪些行爲。他們沒有誤把反對證據當成支持證據，也沒有單純置之不理，而是小心翼翼、詳加檢驗那些不符原先預期的資料，提出多半正確的批評分析，想方設法將之貶得一文不值。換言之，**在預設立場的影響下，受試者不是單純忽視反面資料，而是絞盡腦汁設法批評**。

我們實驗室針對賭徒的一項研究更是直接證實這一點。起先，我們想探討為何賭徒會深陷於難以贏錢的賭局無法自拔，始終執迷不悟？儘管輸掉大筆金錢，為何仍認為自己勝利在望？有些人也許猜想原因在於他們只記得贏錢的場面，不記得輸錢的時刻。然而，實際狀況複雜許多。賭徒確實會扭曲贏錢與輸錢的記憶，但方法十分幽微有趣。

某項研究請常在美式足球賭盤押注的受試者錄下他們談論賭局的畫面，對賭徒心理提出相當直接的例證（研究人員請他們錄影時，謊稱這項研究有助他們日後做出更佳的判斷）。經過分析以後，研究人員發現他們更常談論自己的失敗而非勝利。此外，他們談起失敗與勝利的方式大不相同，往往「否定」自己的失敗，認為要不是倒楣或發生意外，結局就會迥異（「就是太衰了啦，要不是他們的四分衛受傷，大概就不會輸球了」）。相較之下，他們多半「肯定」自己的勝利，認爲賽況就該如此，甚至該贏得更多（「我覺得你不該把錯推到四分衛頭上。那傢伙確實超強，但替補球員也很有兩把刷子啊」）。**賭徒會小心檢討失敗並找尋藉口，碰到勝利就樂得接受，從而扭轉自己賭贏與賭輸的記憶**。失敗往往不是失敗，而是「成功之母」。

賭徒花較長時間檢討失敗，造成一個特別現象：他們在三星期以後再度受測，結果顯示他們更記得自己的失敗而非勝利。這違背我們的日常直覺與許多心理學推論：根據許多理論，**我們會刻意記取成功，忘卻失敗，才能保持信心**。

誠如這兩個有關賭博與死刑的研究所示，我們通常不像有些人想像的那樣，不太理會種種牴觸原有想法的資訊，但確實會以某些方式處理反面資訊，導致固有認知不易受到影響。我們往往不是忽視反面資訊，而是詳加檢視，最後要不就認爲漏洞百出，要不就設法自圓其說。反對死刑者看到一份驗證死刑能遏止犯罪的研究資料，會認爲寫得亂七八糟，不具參考價值。賭徒不認爲自己會一直失敗，反而認爲失敗是成功之母，只要調整對策就能勝券在握。

對科學證據的偏頗解讀

無法公正解讀正反面資料的人比比皆是，不僅限於賭博與死刑這兩個主題的受試者而已。科學家在檢視科學證據時也往往偏頗。比方說，論文審查人員讀到支持自身論點的論文往往大加推崇，讀到否定自身論點的論文則大力抨擊。我認識的每一位實驗心理學家都不例外，要是實驗結果違背他們偏好的假說，他們會重做實驗，但要是實驗結果支持他們的假說，他們往往就此滿意。再舉一個更明顯的例子，綜觀科學發展的歷程，許多研究人員想證明大腦尺寸或身形體態關乎智力、個性與（他們暗指的）「身分地位」，如果反面證據浮上檯面，他們就會連忙自圓其說；如果正面證據有漏洞，他們多半視而不見。法籍顱骨學家布洛卡檢視德國人與法國人的頭蓋骨，無法相信前者平均比後者重一百公克，因此他把體型等其餘因素納入考量，藉此解釋頭蓋骨的尺寸差異。然而，布洛卡曾提出男女頭蓋骨尺寸不同的說法，引起廣泛討論，但那時他從未考量其餘因素。「犯罪人類學家」龍布羅梭認爲罪犯與「低等人種」具有原始獸性，理由是他們比較不容易感到疼痛——但當高人一等的歐洲人不怕痛時，他則解讀爲英勇象徵。

雖然科學史充斥由成見造成的誤判，但由於科學研究者必須把結果公諸於世，研究結果必須可供反覆驗證，種種誤判終將慘遭推翻，薄弱論點最後將獲得修正。日常生活的種種認知或多或少也是如此：**在同儕與整個社會的影響下，我們會漸漸修正嚴重錯誤的認知**（雖然第六章指出這種修正也有局限）。科學領域與日常生活的最大分野在於，科學家有一套正規程序可以避免本書所提及的偏見與錯誤，日常生活則否。科學家能運用相對簡單的統計工具，避免對隨機排列所生的錯覺（詳見第一章），也善用實驗控制組與隨機樣本，克服不完整與不具代表性資料所造成的誤解（詳見第二章），還藉由「盲測」觀察者消除偏見的影響。（注：盲測觀察者並不知道研究人員所提的假說，或不知道實驗的特定狀況，例如實驗方式或控制組的狀況，因此不會預設實驗「應該」出現何種結果，從而影響自身反應）。

不過科學界最根本的利器在於要求詳述現象（盡量事先如此）與客觀判

斷。研究人員想探討自我催眠錄音帶是否能提升業務員的銷售表現，就必須檢視實際銷售量，而不是聽業務員訴說自己聽完錄音帶以後變得自信鎮定，更加神采奕奕（如果要參考銷售員的說法，必須導入其他假說，進一步嚴加驗證）。我們在日常生活絕少以這種嚴謹標準檢視「成功」與「失敗」，因此**成見往往影響我們解讀各種現象的方式**。如果我們想自己私下測試維他命C的功效，合理做法是先把「成效」或「改善程度」定義爲特定天數以內的感冒次數是否下降，不然我們或許得時時刻刻留意鼻涕倒流現象是否改善，或者留意發燒造成的牢騷抱怨是否減少。

現在我想把這一點稍加延伸。科學方法刻意要求研究人員保持嚴謹與「愚笨」，就像電腦也十分嚴謹與愚笨，免得我們扭曲操弄研究結果。正如電腦接收指令那般，研究結果必須符合事先訂立的準確規則，否則絕不採納。科學研究者寧可犧牲「才智」與彈性以換取客觀。

當然，這不代表所有科學研究都很嚴謹準確。我們必須明確區分「提出想法」跟「驗證想法」，還有科學哲學家口中的「發現的脈絡」跟「解釋的脈絡」。科學界的「一切」在發現的脈絡下與日常生活並無二致，在解釋的脈絡下才有嚴謹要求。醫學專家梅達沃（Peter Medawar）認爲科學「必須反反覆覆的假設再求證，推論再推翻，猜想再駁斥」。先是靈光一閃，隨後嚴加驗證。二度獲得諾貝爾獎的化學家鮑林（Linus Pauling）解釋成功的祕訣時說：「你得有很多想法，然後去蕪存菁。」許多正規科學方法有助把想法去蕪存菁，不妨運用到日常生活。一般人似乎相當善於提出各種看似正確的想法、理論與解釋，卻拙於評估檢驗。最大的問題在於**我們並未意識到，如果檢驗證據不準確，卻兀自拿來證明自身觀點，終將「找出」太多符合成見的證據**。

另一個說法是我們事後常從諸多事例中找出符合預期的佐證，儘管有些結果不符合理標準。如果某位算命師預測「今年會有一位知名政治人物過世」，重點在於我們必須馬上明確定義這句預言的應驗標準，否則很容易隨隨便便的認爲他講得眞準。假設某位政商關係良好的企業家在這一年過世，預言是否算是應驗？或者，假設美國總統遭暗殺而受傷，這樣算應驗了嗎？要是沒有明確標準，我們難以保持客觀，容易輕易斷言假設爲眞。

如果探討的目標模稜兩可且難以定義，問題會格外嚴重。比方說，某人宣稱日間托育有害嬰兒長大以後的「個人適應能力」，這時我們該思考「個人適應能力」該如何定義，又該如何衡量：青春期的朋友數目？學業表現？還是職業滿意度？**一旦定義模糊不清，預設立場影響甚大，任何正面事例都可能成爲「可靠的」佐證**。相較之下，如果某人宣稱日間托育有害日後的「學業表現」，則模稜兩可的空間減少（儘管依然存在），預設立場的影響不大。

一個有趣的類似問題涉及「變量區間」，泛指對某段非特定期間內會發生事件的認知。事情會「成三出現」的認知是一個好例子：許多人認爲空難、連續殺人案或嬰兒出生時間容易每三個一組出現，但這純屬迷信，因爲一般人往往讓第三個事件決定「一起發生」的時間範圍。如果一個月內發生三起空難，「一起發生」的時間範圍就是一個月。如果第三起空難遲至下個月才發生，時間範圍則延長爲兩個月。由於範圍定義極具彈性，這類認知往往會獲得證實。

對多重事例與層面的預期心理

我們往往會說嬰兒與父母長得相像。「他的眼睛跟媽媽很像唷。」「她顯然遺傳到你們的鼻子。」有趣的是，就算嬰兒是領養的，不知情的人仍會有同樣發言。即使父母與子女毫無血緣關係，五官某處仍可能極度相似。

這個現象反映多重事例時常導致的一種錯誤認知。我們往往認為某兩個個體會有類似之處：子女該跟父母神似、同卵雙胞胎的舉止該大同小異、一個人跟其個性分析該相去不遠。然而，如果兩個個體有諸多特點，其中總有幾點會彼此吻合，從而證實原本的認知無誤。

這個現象的一個最佳例子是「巴南效應」。巴南是知名馬戲團創辦人，有一句名言是「每分鐘都有白癡出生」，這個效應因此以他命名。巴南效應指出，一般人要是認為某則分析（例如星座命盤或個性分析）是特別為自己量身訂做的，儘管事實並非如此，仍往往輕易接受。請看以下敘述：

你很需要別人的喜歡與欣賞，有時外向親切，愛交朋友，有時則內向謹慎，沉默寡言。空有一身精力卻沒有妥善運用，個性上有些缺點但大致不成問題。在好惡方面，你喜歡求新求變，喜歡多采多姿，討厭受到束縛限制。此外，你懂得獨立思考並以此爲傲，凡事不會隨便人云亦云，而且對自己頗有期許，心中抱持不切實際的夢想。

如果你覺得這段敘述講得很準，你可不孤單，許多人都有同感，認爲有些文句講進他們心裡。然而，他們忽略了兩點。第一，這種牽涉多重層面的敘述一定會講中部分個性。第二，許多字句相當籠統空泛，幾乎人人適用，放諸四海皆準（注：巴南還說過一個好馬戲團該「迎合每個人」，這個看法也適用於空泛的個性分析）。

這類例子不勝枚舉。我們會在第九章討論，一般人因此相信預知夢與無意義的巧合。不少科學爭議也源自於此。早期許多學者認爲不同家庭長大的同卵雙胞胎個性相差無幾，但他們其實是受到多重事例的誤導。同理，有些學者宣稱壓力會導致癌症，還往往舉得出在罹癌之前剛遭逢變故的病患，但人生本即充滿變故，要把癌症與變故牽連在一起根本輕而易舉（注：我倒不是說這兩個認知並不成立。事實上，許多嚴謹證據對此是持肯定立場：同卵雙胞胎確實個性相像，而壓力確實能導致癌症。然而，認知必須由小心選擇的嚴謹事例佐證，不該受多重事例誤導）。

對成敗記憶與正反資訊的反思

一般認爲，若要相信自己未來可以成功，通常會採取雙重標準：刻意記取成功，忘掉失敗。同理，我們也常常記得正面例子，忘掉反面例子。培根、達爾文跟佛洛伊德等許多大師都有志一同，認爲這是日常生活的常見操弄手法。比方說，達爾文談過自己極度留意細節的個人特質：「只要我眼見異景或心生異念，與平素觀察互相違背，我一定當場動筆記下，因爲根據經驗，這類觀察與念頭往往倏忽即逝，不像正面觀察與念頭可以長留心頭，這是我的金科玉律。」根據達爾文等大師的說法，正面資訊往往留存腦中，反面資訊則容易忽視遺忘。

然而，這跟前面幾章的論點稍微相左。誠如先前所言，一般人碰到反面資訊時，往往不是選擇忽視，而是嚴加查驗。我也提過，研究指出一般人傾向記得自己的失敗而非勝利。此外，有些研究探討我們對他人的印象，結果往往發現那些牴觸平時認知的印象比較容易留在腦中。爲什麼研究結果違背一般認知，也牴觸培根、達爾文跟佛洛伊德的見解？

其實，問題的關鍵在於我們是何時記得正面與反面資訊。爲了妥善回答這個問題，我們必須區分「單面」事件與「雙面」事件。根據定義，無論最終結果爲何，雙面事件都必然讓人印象深刻。假設某人賭某隊贏球，兩種結果（贏球或輸球）都會使他大爲激動，留下深刻印象，這時球賽結果就屬於雙面事件。舉凡買股票、約會或度假都屬於雙面事件：無論好壞，統統教人印象深刻。

雙面事件不太適用上述的一般認知。由於兩種結果同樣鮮明，也就往往會烙下印象。事實上，針對某些雙面事件，反面或意外結果反倒讓人更有印象，因爲我們會左思右想「這到底是怎麼一回事」。誠如先前所述，賭徒因此比較記得失敗而非勝利。這個現象也見諸其他地方：高中球隊選手最記得自己某一次差點持球觸地得分，拼字大賽選手最記得是哪個單字害自己黯然出局，釣客最記得有哪幾次「差點就釣到了」。同理，最近研究指出夫妻比較記得自己何時「吵輸」。以及，每個心理系學生都耳熟能詳的「**柴嘉尼效應**」：**我們往往比較記得未完成而非已完成的工作**。

然而，一般認爲我們比較會記得正面或意料中事的這個見解，比較適用於單面事件。根據定義，單面事件必須出現特定結果才會留下印象。比方說，想像一下哪種狀況會讓人相信「電話老在我沖澡的時候響起」。如果電話在沖澡時響起，你會猶豫是否該接，濕答答的衝出去接電話，又冷又難受；等好不容易接起電話，對方卻已掛斷，害你不禁懊惱沮喪——於是你清楚記得這件事。相較之下，如果電話沒有在沖澡時響起，一切風平浪靜，你根本不會記得這一回事。照理說，這也是一個事件，但你不會留下任何印象。

這種單面事件最符合一般認知，其正面資訊也容易留在腦中：**只有一種結**

果會引起注意，也只有那個結果會留下印象（《紐約時報》專欄作家高爾曼說：「記憶，是對過往的注意。」）此外，雖然我之後會舉出幾個重要反例，但單面事件裡會引起注意的那一面，往往也是符合預設立場的那一面：如果認爲自己會做預知夢，就會留意應驗的夢境；如果認爲滿月時分容易發生怪事，就會留意不尋常的蛛絲馬跡。結果，一般人往往記得電話在沖澡之際響起，記得月圓之夜發生謀殺案，或者記得某人在見過信心治療師以後克服癌症。

那麼該如何準確區別單面事件與雙面事件呢？首先，我們必須把兩者再細分爲數個類別，並探討一般人分別會有何種印象。

佐證與非佐證

區分佐證與非佐證資訊十分重要。我們往往在碰到佐證時才想起某個預設認知，亦即只有可以驗證預設認知的事件才會引起注意。如果算命師說你以後會生下雙胞胎，等哪天你確實有了雙胞胎，幾乎必然會想起這個久已淡忘的預言，從此印象深刻。反之，如果你只生下一名孩子，則不太會想起這則預言。你不會把產下獨子當成一個特殊事件（相較於產下雙胞胎的預言），也就不會想起沒有應驗的預言。另外，生下獨子並沒有直接否定預言，只是也沒有應驗預言罷了。等下一次懷孕時，預言仍可能應驗。

因此，我們按照常識認爲**正面佐證較容易留下印象**，這在某方面確實沒錯，佐證事件的確比非佐證事件容易留下印象。某項實驗即驗證這個觀點。研究人員請受試者讀一本虛構的學生日記，那位學生相信預知夢，在第一天寫道她打算驗證預知夢是否存在，會記下每晚的夢境和每天的大事，再對照兩者是否有關。經過研究人員的設計，一半的日子應驗昨夜的夢境，另外一半的日子則否。之後研究人員請受試者盡量回想每則夢境，結果他們記得應驗的夢境，大幅超過未應驗的夢境。

因此常識是對的：印證原本預期的事件確實容易留下印象，至少勝過沒有應驗原本預期的事件。然而，常識是否還在哪個方面也正確？是否在某些狀況下，佐證資訊不僅比非佐證資訊更能留下印象，還勝過眞正的反面資訊？

專注預期與非專注預期

爲了探討這個問題，必須引入另外一個變數，藉以決定某個事件是屬於單面或雙面事件——當事人是否能預期在「特定時間」內專注留意。回到賭球的例子，賭徒預先知道比賽結果的出現時間，屆時會全神貫注，無論最後是贏是輸都留下印象，因此賭球屬於雙面事件，並跟多數雙面事件一樣，賭勝的印象不太會比賭輸來得深。

相較之下，假設有人預期自己會做預知夢，則屬於**非專注預期**，因爲結果可能發生在任何時候，例如今天、明天或一週以後。他不太會注意所有結果，而是注意相關結果，佐證事件因此脫穎而出。單面事件往往屬於非專注預期，也就是說，符合預期的事件才容易留下印象。

某個實驗跟上述的預知夢日記實驗大同小異，可以釐清專注預期與非專注預期的分野。在這個實驗中，學生第一天會說她打算記下每晚的夢境，也記下每天的大事，再對照兩者是否有關，但跟上一個實驗有兩項重要差異。第一，半數夢境會應驗，其餘夢境則被完全推翻。比方說，夢境是「我夢見自己沐浴在燦爛陽光中」，當天也許會發生佐證事件，例如「我跟學生會的同學坐在臺上曬太陽」，也許會發生否定事件，例如「整天又濕又冷，狂風暴雨，吹得我差點從圖書館的斜坡摔下來」。

第二個不同點在於，這個實驗有兩份日記，由研究人員擇一提供給受試者。非專注版本的每篇日記會在開頭描述夢境，至於應驗或推翻夢境的事件則出其不意的出現在某個段落，受試者無法注意特定地方，必須大致讀完整篇日記才行。專注版本的每篇日記則固定在結尾寫出事件，並標示爲「今天最重大的事情」，一清二楚，跟其餘段落明顯區別，受試者能一眼看見，對兩種事件應有相同的關注程度。

一如預期，讀專注版本的受試者對應驗與推翻事件都有印象，但讀非專注版本的受試者比較記得應驗夢境的事件，數目高出三倍。因此，要是某事件會引起暫時專注，該事件就是雙面事件，正反兩種結果都會造成印象。反之，要是某事件不會讓當事人在特定時間加以專注留意，則多半是單面事件，留下較深印象的往往是正面佐證。

非對稱結果與單面事件

根據上述兩個實驗，單面與雙面事件有兩大決定要素：第一，**預期是否獲得驗證**；第二，**預期是否引起暫時專注**。這將決定我們對哪種資訊留下印象。此外，各種結果之間還存有許多非對稱現象，導致有些事件必然屬於單面事件，大幅影響我們的印象。

一、非對稱喜好

康乃爾大學心理系大樓的某處入口共有六扇門，會在凌晨關閉，但不知何故，管理員早上時常留一扇門忘記開鎖，至於是哪一扇並不固定，而我可能從四面八方前往系館，會走哪一扇門也不一定。照理說，我只會偶爾遇到沒開鎖的門，機率是六分之一，客觀來看就是如此。然而，那位管理員似乎有不可思議的能力，偏偏有辦法預測我會走哪一扇門，結果我「總是」選到鎖住的門！

由此可見，單面與雙面事件的一個重大分別在於事件結果引起的情緒反應。雙面事件的兩種結果會激發相同類別或強度的情緒，或者都要求當事人做出後續動作，至於單面事件的結果則否。拿我的例子來看，如果要走的門沒開，我會覺得憤怒沮喪，時間被耽誤而留下印象；但如果要走的門是開的，我可以輕鬆通過，不氣不惱，也不留下印象。結果我只記得自己碰到鎖住的門。許多錯誤的一般認知無疑源自於此，例如「洗完車後總會下雨」「要用的偏偏是剛丟掉的東西」「電梯（或公車）老是往錯的方向」，還有先前說的「電話老在沖澡時響起」。

「公車老是往錯的方向」這個說法格外有趣，因爲我們對正面與反面結果的反應截然不同：反面例子可以反覆出現，但正面例子不行。我也許會看到好幾輛公車往反方向駛去，然後才看到一輛公車是往自己要去的方向，於是認爲巴士確實老是往錯的方向開。然而，反之不然：除非我沒坐上車，否則不可能一連看到好幾輛公車開往自己要去的方向，然後才看到一輛公車開往反方向。換言之，要是公車是開往我要去的方向，我就上車了。由於這種不對稱的觀察，我們可能觀察到「一連串壞例子」，卻發現不到一連串好例子，結果當局者迷，以爲有時就是會屋漏偏逢連夜雨。

有些源自不對稱喜好的認知則會導致嚴重後果，例如夫妻失和。許多夫妻抱怨另一半明明講好會出力，卻「從不」做家事。這類抱怨有時確實有理，有時則不然。如果對方沒有洗碗、清流理檯或沒有洗衣服，自己容易心生不滿，還得立刻做出後續行動，像是把家事攬在自己身上。然而，如果對方做了家事，則相安無事，不會引起注意。許多夫妻覺得彼此「不合」也是這個原因：一方想窩在家看電視，另一方卻想跑出去串門子；一方想上床親熱，另一方卻「想留點空間」；一方興高采烈，另一方卻悶悶不樂。這裡也有根本的非對稱現象，導致雙方格外以爲彼此不合。如果對方不肯配合自己，往往會感到沮喪，**負面想法縈繞腦海久久不散，留下深刻印象**。然而如前所述，如果雙方彼此契合，志趣相投，心意相近，則相處得順順利利而不留下印象。此外，即使留下印象，也往往不是當成雙方契合與否的例子，而只是視爲一段歡樂好玩的往事。

二、非對稱模式

某個事件是否屬於單面的第二個取決要素在於，眾多結果之間是否存有數字、空間或時間方面的非對稱模式。許多人自稱在半夜醒來之際，「太常」看到電子鐘顯示爲「2：22」「3：33」或「1：23」等。然而，這個現象其實很合理，畢竟跟「3：51」或「2：47」相比，特殊時間容易引起注意，留下印象，顯得特別容易出現。多數的數字占卜正是藉此替巧合賦予特殊意義。同理，許多人會認爲有投籃手感，許多賭徒會認爲有手氣（見第一章），也是基於相似原因：連續進球或賭贏很容易留下印象，反之不然。

再舉球賽爲例，大家是否時常聽到棒球主播說：「精采結束這一局的球員，下一局將率先擊出安打。」事情當然不是這樣（除非我們樂於倒果爲因），但只要出現這種局面必然引起矚目，由別人先擊出安打則不太會留下印象。

先前提過，有些同卵雙胞胎從小失散，等重逢以後，發覺彼此的個性或人生歷程極爲相似，但這其實也源自類似原因：相同之處會形成某種模式，引人矚目，但相異之處往往不會，除非實在天差地別。同卵雙胞胎的相同之處留存腦中，相異之處則如過眼雲煙。

非對稱模式可以涉及數字、空間或時間模式，涉及相同與相異處之間的差異，有時也涉及更廣泛的認知。許多人迷信月圓時分格外危險，結果滿月期間只要有自殺、凶殺或意外事故都格外引人矚目——即使不信的人也不免有此聯想。其餘時間的事故則乏人聞問，沒人想到這些是月圓時分以外所發生的事故。**由於非對稱現象扭曲我們的觀察，有些迷信明明無憑無據，卻看似有憑有據**。同理，我們會特別注意毒癮患者或少數族裔的犯行，著重身分與犯罪的關連，但要是平常人作奸犯科，我們只會注意罪行本身，不會想到犯罪者是沒有吸毒的多數族裔。

三、「定義型」非對稱

有時光是根據定義即屬單面事件。以下這句話背後的認知即屬一例：「誰拉了皮絕對逃不出我的法眼。」他只要看出誰有拉皮，就更相信自己眼光銳利，但要是沒看出來——就只是沒看出來而已。除非某個逃過法眼的人向他坦承自己私下拉過皮，否則他不會碰到反例。由於類似原因，包括臨床醫師在內的許多人認爲唯有跌到「谷底」才能克服某些問題，諸如酗酒、吸毒、做事拖拉等。由於「谷底」並無明確定義，反例很難出現，也不會引起注意並留下印象。基於類似邏輯，有些人認爲除非一個人「準備好了」，否則不會聽進建議。然而，如果那個人聽進建議，顯然是準備好了，但要是把建議當耳邊風，則必然還沒到可以接受建議的「正確時機」。由於本質使然，這個認知根本無從推翻。

四、反例發生率

最常見的決定因素**關乎反例的發生率**。如果某個結果的出現機率太高，容易成爲通例，遭視而不見，一旦反例出現即格外醒目。也就是**出乎意料，反倒教人印象深刻**。

舉抗癌爲例。癌症難以治癒，抗癌成功的病患很受矚目，如果該病患採取的是非傳統療法更會備受關注（這類療法包括求助信心治療師，或遠赴墨西哥尋求有抗癌功效的杏仁果）。我們不期待癌症病患康復，要是有誰採取非傳統療法仍一命嗚呼，並不會引起關注，但要是因此痊癒，則違背一般預期，產生鮮明印象。

同理，一般人會相信某些「魔咒」也是因爲反例太過鮮明顯眼。我們常聽到有人說：「我不想當烏鴉嘴，但佛雷德買股票從沒虧過。」這種擔憂的起因顯而易見。如果某人接連成功到別人津津樂道的地步，再繼續成功只是錦上添花，不值留意，但一旦碰上失敗，打破先前的一路長紅，則格外引人矚目，使人聯想到詛咒。

日常生活有一類格外有趣的例子，社會學家高夫曼（Erving Goffman）稱爲「反面重大舉動」，指的是**有些舉止習慣已約定俗成，有人違反才會引起注意**。我們會與他人保持適當距離，身體不會過度靠近，卻往往習焉不察，除非有人太過接近，我們才會赫然注意到這段人際距離的存在。同理，我們在電梯裡通常面朝前方，在路上選擇從右側超過他人，跟不同身分地位的人交談時採取不同口吻。除非有人違反慣例，否則我們幾乎不會加以留意。

反面重大舉動是單面事件的絕佳例子：除非偏離常軌，才會被當成事件看待。儘管在高夫曼舉的例子中，我們不太會對他人的舉動有明確「預期」，但反例仍往往可以引起注意。有趣的是，**反例多半不會削弱既有認知，反倒可能凸顯認知，使認知更加根深柢固**。

非對稱喜好、非對稱模式與定義型非對稱等要素，統統會害我們誤解手邊的例證，難以衡量許多認知是對是錯。大致而言，由於非對稱現象使然，符合預設立場與既有認知的事例容易顯得醒目，導致我們只看得見自己預期會看見的例證，預設立場造成偏頗認知，個人偏好與動機往往再推波助瀾，這就是下一章的探討重點。

第二部

不實認知的動機要素與社會要素

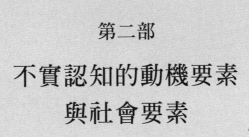

第四章

期盼眼光：認知的動機要素

• • • • •

喜歡，故相信。

——培根

也許你跟我一樣，曾花不少時間想像自己成爲另外一個人，有時我就這樣獨自胡思亂想起來。別人只要瞄一眼我的人生，就能輕鬆列出許多他們認爲我不妨變成的對象，但要我自己想出這類對象相當困難，至於想出不願成爲的對象倒輕而易舉，例如我不願成爲作家約翰·厄普戴克、演員華倫·比提或主播泰德·科佩爾。

我有時也會換個方式，改成詢問他人是否願意跟某個對象交換身分。我選的對象往往不好不壞，難以抉擇，例如先從厄普戴克、比提或科佩爾問起，再繼續問到更難以抉擇的有趣對象，他們沒多久就猶豫不決，左右為難，不太願意交換身分。

為什麼大家不太願意跟別人交換身分？某程度而言，答案在於這場遊戲本身模稜兩可。跟別人交換身分到底是什麼意思？是完全變成對方？還是依然做自己，只是套進對方的人生處境？如果是後者，經歷這般人生劇變以後，還依然是自己嗎？疑慮縈繞心頭，我們擔心交換身分會導致原本的自己死亡，而這是人人都想避免的命運。

這也能靠經濟學家與決策理論家所熟悉的一種特殊現象加以解釋，那就是**「交易惰性」**或**「稟賦效應」**：**一旦擁有某樣東西就不願交換，即使明顯有利的交易也往往拒絕**。敝帚自珍，對方不以為然，交易自然很難成立。回到剛才的例子，如果變成厄普戴克、比提或科佩爾，顯然是名利雙收，但多數人竟然寧可保有原先的一切，不願跟他們互換身分。

最後，或許也最有趣的是，不願交換身分的部分原因在於我們高估自身價值，自認高人一等，而且根據許多學者的見解，這種認知的最大根源在於我們希望自己確實如此。我們把自己想得比實際上更快樂健康與受人敬重，難怪不願跟功成名就的大人物互換身分。

本章將探討一般人傾向「信其欲信」。接下來我會清楚說明，誠如多數實證研究與理論分析所示，個人期望對於自身認知的深刻影響。許多證據指出我們往往高估自身能力與未來成就，而本章會嚴加檢視相關研究，探討「想相信的念頭」如何導向錯誤認知。

實證支持

長期以來，一般人會相信自己想相信的事物，相關例子俯拾即是。如第二章所述，想相信死刑能有效遏止謀殺的人，會在模稜兩可的研究中找出例子證明自己的認知，至於想相信死刑不能有效遏止謀殺的人，在相同研究中也找得出例子證明他們的認知。一九六〇年，某項研究探討大眾對甘迺迪與尼克森的電視辯論有何看法，結果原本支持甘迺迪的人認為甘迺迪技高一籌，原本支持尼克森的人認為尼克森表現較佳。此外，一般人往往過度看好自己支持候選人的受歡迎程度，高估勝選機率。

多數現有研究主要探討一般人評估自身能力及解釋自身行動的方式。許多心理學研究發現，一般人把自己想得太好，簡直禁不起客觀檢視。我們總認爲自己優點很多，缺點很少。比方說，多數人自認聰明過人，處事公正客觀，而且駕駛技術比別人高明。這個現象太過普遍，稱爲「烏比岡湖效應」，典故出自廣播名嘴凱勒（Garrison Keillor）虛構的一座小鎮：「鎮上的女人都很強，男人都很帥，小孩的表現也都在平均之上。」根據某項調查一百萬名高三學生的研究，有七〇%的受訪學生自認領導能力高於平均，只有二%自認低於平均。在社交能力方面，所有學生自認高於平均，六〇%自認屬於前一〇%，二五%自認屬於前一%！自我感覺良好的現象可不僅限於乳臭未乾的高中生，另一項研究顯示九四%的大學教授自認學術能力高於平均水準。此外，一般人傾向認爲自己的人生會比一般人美滿，例如可以住好房或賺大錢，且不容易遭逢厄運，例如離婚或肺癌。近期民調指出，僅二五%的美國民眾看好美國的經濟前景，卻有五四%的民眾認爲自己會財源滾滾。

這種現象也反映於一般人對個人成敗的認知。諸多研究探討各式情境，指出一**般人往往把成功歸諸自己，把失敗歸諸外界**。同理，儘管一般人往往自認表現優異，在外人眼中並非如此。運動選手通常認為勝利是自己的功勞，卻把失敗歸咎於裁判不公或運氣不好。考好的學生通常認為考題有鑑別度，考砸的學生認為考題出的亂七八糟。就連老師也不例外，許多老師認為學生考得好是因為師長教導有方，考得差則是因為學生自己沒天分或愛打混。教授面臨論文退稿時，傾向認為原因出在不可控制的因素，例如審查委員不公，但碰到論文通過時，很少認為是審查委員特別賞光。

自利認知的背後機制

這類研究的結果清楚一致：我們傾向抱持於己有利或令人寬慰的認知。然而，學界對於如何解讀這個結果卻莫衷一是。許多心理學家認為自利認知可以激勵自己，滿足重要的心理需求或動機，例如維持自尊，而這就是我們抱持自利認知的理由。其他心理學家認爲儘管自利認知顯然於己有利，卻只是認知機制的產物。若是如此，不受需求與動機影響的理智之人依然會抱持自利認知。

的確，我們可以輕易看出上述結果也許是源自認知機制。比方說，我們之所以認爲自己的人生會比一般人美滿，也許是因爲看見自己努力追求美好生活，但較難看見別人的努力，這樣一來，儘管我們力求客觀，卻依然自認該有美滿人生。同理，即使撇開維護自尊的動機，依然能解釋一個人爲何把成功攬在身上，卻把失敗推給別人。當一個人在某方面努力不懈，他的成功必然有部分歸功於個人努力，值得引以爲傲，但失敗則違背個人努力及決心，因此往往像是外界造成的結果。換言之，成功跟努力及決心息息相關，失敗跟努力及決心卻不大相干，導致一個人即使再客觀也無法公正看待成功與失敗的原因。此外，有些人從小自認是數學天才，如果某次考差了，究竟會認爲題目太難或題型不熟，還是認爲自己突然喪失數學頭腦？

那麼自利認知到底來自何方？自利認知是受到需求與動機的影響，或者純屬認知機制的產物？是來自內心還是大腦？根據認知派學者的說法，光靠認知機制就能客觀解釋這些現象，不必搬出動機機制，比較直截了當。

關於這個議題，我有幾點想說。首先，認知解釋不見得比動機解釋直截了當，反倒牽涉同樣多的前提假設。認知機制比較直接的先決條件在於人腦是以認知系統爲運作基礎，只是有時遭動機系統干擾打亂，但其實學界目前對這一點仍未有定論。相較之下，如果動機系統才是人腦的運作基礎，動機解釋反倒比較直接。

第二，從許多方面來看，認知與動機爭議根本不值討論。我們沒什麼理由認爲自利偏誤只源自認知或動機因素，更沒理由相信兩種因素可以斷然劃分。事實上，一旦仔細檢視動機偏誤的前因後果，兩種解釋倒顯得密不可分。如果認爲有一具動機「引擎」造成自利偏誤與自利認知，這具引擎只怕也是以認知方式運作。即使我們傾向抱持於己有利或令人寬慰的認知，但依然會斟酌現實狀況，而不是胡亂相信。動機影響認知的方式其實更加細微，涉及我們解讀相關資訊的認知過程：該考量何種事例？該參考多少事證？該檢驗到何種程度？個人偏好會影響到解讀事物的方式，認知與動機都難辭其咎。

社會心理學家康妲（Ziva Kunda）也提出相同看法，認爲我們確實容易相信自己想相信的事物，但也會考量客觀佐證，以及能否「解釋得合情合理，冷靜客觀的說服自己。唯有找到充分佐證，才會做出結論」。這句話點出一般人往往自認客觀（注：這實在是「烏比岡湖效應」的絕佳例子：一般人絕對會認爲自己的客觀程度在平均水準之上），絕少認爲自己的某個想法毫無根據，純屬盲信。然而，這有時只是錯覺：雖然我們以爲自己的認知都有憑有據，卻多半沒想到各個例證可以有另外一套解讀方式，或還有其他例證可以考慮。誠如康妲所言：「一般人沒想到目標會影響推論過程，沒看見自己並未徹底通盤思考，沒猜到只要換個目標大概就會推導出不同結果，也不覺得只要換個情況就會得到徹底相反的結論。」

由此可見，我們會挑選自己偏好的事證，導致動機影響到認知。我們蒐集事證時會抱持不同的預設問題，這個簡單的不同，會造成極大的影響。如果我們有偏好的見解，在蒐集例證時會問自己：「我能找到什麼正面佐證？」如果我們傾向相信某場政治刺殺不是單一槍手所爲，我們會自問何種證據可以證明陰謀論。這種問法其實已失之偏頗，導致我們尋求正面事例，避開反面事例。由於我們幾乎總有辦法找到幾個支持佐證，一旦預設問題失之偏頗，我們往往得以印證自己偏好的論點。

康妲跟她的學生已證明我們會受個人偏好影響，尋求正面佐證。在一項實驗中，他們提出有關個性與學業表現的資訊，請受試者根據資料判斷到底是內向或外向個性有利學習。結果不出所料，認爲內向個性對學業表現有利的受試者往往自認內向，認爲外向個性對學業表現有利的受試者則多半自認外向。更重要的是，研究人員請他們回想有關內向與外向表現的個人往事，結果相信內向有益的受試者想到更多反映內向個性的往事，而且回想得更快。受試者若抱持偏好的論點，似乎會在心中建立偏頗假設，導致他更容易找出正面佐證。

動機影響蒐證的另一個方式關乎我們的諮詢對象，包括專家與一般人在內。我們往往可以推估別人的觀點與立場，預測他們對特定問題的看法，並藉此找到適當對象諮詢，提高聽到順耳意見的機率。癮君子會找其他癮君子討論吸菸的健康風險，尼克森總統的擁護者會一起聊水門案醜聞。康乃爾大學許多生理學家的觀點各不相同，對脂肪攝取量影響血清總膽固醇及動脈硬化的程度多寡見解不一，校內同仁無論想採取何種飲食習慣，都找得到專家支持自己，如果怨嘆清淡飲食伴隨許多犧牲，有專家樂於提出數篇抨擊脂肪攝取的最新研究，如果偏愛歐陸佳餚，也有專家樂於指出上述最新研究的嚴重漏洞。**我們靠著詢問可能支持自己的對象，獲得想聽的見解**。

個人偏好不只影響到考量的資訊種類，也影響到檢視的資訊數量。如果手邊事證支持自己的論點，我們通常感到滿意，不再繼續查證，但如果手邊事證否定自己的論點，我們會追入探究，試圖找出正面佐證，或設法證明反面事證存有漏洞。我們靠這種「選擇性停止」的查證，大幅提高獲得正面佐證的機率。

假設有一名學生考試失利，一心想證明考題不佳。他首先會檢查是否題目的題意不清，若找得到就做出結論：考題確實出得不好。然而，如果找不到，則另覓他路：或許有其他同學覺得題目沒出好！與先前一樣，如果找到這種同學，他會認爲考題確實很糟，但如果找不到，則繼續追究下去，也許找出考題並未涵括的課程內容，證明考題確實出得偏頗，才沒有涵括所有課程內容。我們可能會這樣多方下手，一旦找出正面佐證，就誤以為自己的想法正確可靠。

爲了深入闡述這個現象，我想再舉一個例子。最近我聽到兩位著名心理學家談論異性戀者及非靜脈注射藥癮者面臨的愛滋風險，其中一位認爲風險遭到誇大，另外一位認爲愛滋確實十分氾濫，即將大幅改變社會面貌。此外，他們的見解反映各自的偏好，其中一位擁護當前的性革命，另外一位過了一段開心的婚姻生活，恪守一夫一妻制度，並不樂見當前的觀念改變（他宣稱：「愛滋不是上帝對淫亂的處罰，卻是祂讓人類遵守單一性關係的手段。」）那麼，不同的偏好如何最終導致他們抱持相異認知？他們沒有死守個人偏好，不顧事證，草率輕判，畢竟誤判現實的代價太高（在此例恐危及性命）。然而，個人偏好確實影響到他們所考量的資訊種類與數量。

擁護性革命的心理學家率先指出，以美國境內而言，沒有靜脈注射藥癮的異性戀者絕少罹患愛滋，這是關鍵事實。另外一位心理學家舉出中非與東非的數據，說明愛滋病席捲非洲大陸，許多異性戀者遭感染。第一位心理學家聽完陷入緊張，但隨即深入思考，指出非洲與美國的公共衛生條件截然不同，非洲的數據並無多少參考價值（他說：「許多非洲人並未治療性病，造成開放性傷口，愛滋病毒會在異性戀者之間傳播也就不足爲奇。」）

重點在於雖然事例與現實有助修正認知，卻有其局限。幾乎所有複雜議題的相關例證都帶有模糊空間，可供各種解讀。**由於個人偏好的影響，我們會不斷蒐集例證，消除模糊空間，最終得到自己喜歡的結論**。

普遍而言，在我們衡量自己偏好或厭惡的主張時，顯然會以不同標準看待例證。在我們衡量自己偏好的主張時，往往只注意是否有例證大力否定我們的看法，但由於例證多半包含模糊空間，這個標準可謂寬鬆。然而，在我們衡量自己厭惡的主張時，卻注意是否有例證迫使我們不得不接受這個看法，標準相形嚴苛。換言之，**我們在衡量自己偏好的主張時是問：「我可以相信這個主張嗎？」但在衡量自己厭惡的主張時則是問：「我必須相信這個主張嗎？」**問題截然不同，所需例證也就天差地別，如此一來，我們往往得以相信自己偏好的見解，並自認握有客觀佐證。

自我樂觀評估與自訂能力定義

爲了探討一個格外有趣的相關例子，深入研究我們如何靠採取不同標準而獲得偏好的結論，必須暫時回到先前討論過的一項議題，也就是一般人往往高估自身能力，認爲自己遠比平均水準優秀。一個可能的原因在於每個人都採取不同的能力衡量標準——採取有利自己的標準。經濟學家謝林（Thomas Schelling）解釋道：「每個人都有自己看重的特質，並自認做得很好：開車謹慎的人覺得謹慎很重要，開車技術很好的人覺得技術很重要，自認至少守禮貌的人則覺得有禮貌很重要。就是因爲這樣，每個小孩都覺得自己養的狗最棒，左鄰右舍的統統比不上。」舉凡體育、才智與個性等方面，我們都採取對自己有利的標準，幾乎每個人都自認比一般人優秀，還舉得出「客觀」佐證。

許多近期研究指出這種自評是造成「烏比岡湖效應」的一大主因。首先，研究指出一般人碰到定義含糊的特質時，特別容易自認出色，得以採用有利自己的定義，這類特質包括敏感程度與理想主義程度等（一般平均自認贏過七三%的人），至於碰到定義較明確的特質（例如節儉程度與博學程度）時，則不太有這個現象（一般平均自認贏過四八%的人）。某項實驗找來一群大學生，請他們評估各種學業能力（例如演講與數學）與個人特質（例如創造力與細心程度）對大學在校表現的影響程度，並請他們逐項評估自己的能力高低。一如預期，他們自認在哪些方面表現出色，就往往認為那些方面是衡量大學表現的重要指標。最後，研究指出如果一般人必須採用明確定義評估自身表現，則較不會自認表現高於平均，即使碰到原本定義含糊的特質時也是如此。

這個研究清楚指出我們如何運用不同標準導引出自己偏好的結論。雖然運用自利標準的做法可以歸因於一個動機，那就是偏袒自己，但我們必須知道這個現象也能純粹從認知角度加以解釋。一般人會把自身長處當成特定領域的成功定義，原因在於他們一輩子著重自身優勢，據此做出各種行動，當他們評估衡量的時候，這些標準會先浮現心頭也是理所當然。這兩種解釋方式彼此對立，但當然並不互斥，而且重點在於一般人都因此相信自己偏好的認知。

無論我們有時抱持再強的期待眼光或動機，也無法任意誤解世事，這是瘋子才有的行徑，容易伴隨嚴重代價，導致認知矛盾與舉止失措。事實上，**我們形塑認知的方式更爲微妙，通常是靠扭曲資訊涵義來達成目的，以不同方式解讀或「建構」周遭事物，甚至往往相當擅長依個人喜好建構世界**（越來越多研究指出，如果時常無法照個人喜好解讀世界，容易罹患憂鬱症）。期盼眼光往往正是透過略微調整標準與解讀，產生許多重大影響。

小結：認知如同財產

心理學家亞伯森（Robert Abelson）提出一個好用的比喻，有助我們從另一個角度檢視期盼眼光造成的認知偏差。亞伯森說：「認知如同財產。」我們取得並保有實際財產，因爲財產有用處與價值。某程度而言，認知也是如此：我們偏好取得自己喜歡的認知，並妥善保存。

如同亞伯森所言，認知與財產的關連盡現於文字語言當中。首先，我們說一個人是「擁有」某個認知，所有權的概念從「獲得」認知到「屏棄」認知始終適用。我們拿各種適用於財產的字詞描述認知的形成，例如：「我採納這個見解」「他承接這個認知」或「她取得這個信念」。我們不認同某個看法時會說「這個講法我不買帳」，描述某人相信某件事時說「她抱持這個認知」或「他緊抓這個認知」。如果某個認知被「揚棄」，講法是「他拋掉這個認知」「她放棄自身信念」或「我不再持有先前的立場。」

這個比喻在許多方面清楚反映認知的形塑與維持方式。首先，我們會死守捍衛自己的認知，正如大家會死守並捍衛個人財產。別人挑戰我們的認知，形同侵害我們的財產，我們也許不再跟對方來往，或找相同認知的人尋求安慰。換言之，我們看待認知一如財產，「會拿去跟識貨的人炫耀，但不會找不識貨的人自討沒趣。」我們遭受批評時，會找財產或認知的其他優點安慰自己：「這輛車確實不夠炫，但我看上它，是因爲它很省油。」或者：「沒錯，光看數據是跟我的看法相左，可是如果你去感受數據無法呈現的層面……」另外一種做法是把東西收起來，不讓外人看見：「也許我們該把那幅水彩畫從客廳移到樓上的臥室。」或者：「反正我就是這樣相信，何必多費唇舌跟別人解釋？」

以下比喻也反映各個認知如何湊在一起。我們會小心翼翼的挑選家具與擺飾，避免互不搭調，就像我們也會設法避免矛盾的認知彼此衝突。萬一我們漸漸發覺家中擺設不太協調，也許會拿出來大拍賣，從頭重新布置。同理，如果某人徹底改變想法（例如宗教信仰），他會捨棄舊看法，留下空間，再建立新認知。

然而，就本章的主題而言，認知與財產最重要的共同點在於欲望與限制之間的糾纏拉鋸。我們很想盡情購買各式各樣的好東西，難以壓抑物欲，這份欲望在現代社會顯露無遺，可惜預算有限，有些東西索價高昂，很少人有辦法隨心所欲大買特買，只好適時勉強將就。

認知也是如此。我們很想任意的相信某些事情，但要是過度盲目亂信，終將導致認知矛盾等高昂代價，因此我們終究無法隨心所欲。然而，我們只要稍微換個不同眼光，把事例左移右挪，前修後改，甚至出清大拍賣，或許就有辦法得到自己偏好的認知。

第五章

以訛傳訛：二手資訊的偏誤效應

• • • • • •

眞相往往難堪且乏味，人心只想尋求樂趣與安慰。

——散文家　門肯（H. L. Mencken）

心理學史上有一項極為知名的研究「小艾伯特實驗」，每個心理系學生都耳熟能詳。每當九個月大的小嬰兒艾伯特靠近小白鼠，心理學家華生和助手雷納就在他的頭部後方拿鐵槌敲擊鐵棒，製造可怕巨響，後來小艾伯特變得相當害怕那隻老鼠，即使他們不再敲擊鐵棒，恐懼反應依然持續，而且小艾伯特也連帶有些害怕各式各樣類似那隻老鼠的東西，例如兔子、棉球、白手套與白鬍鬚。一般認為這個實驗證明人類會受到制約影響，害怕顯然無害的東西，並連帶害怕起類似事物。

雖然小艾伯特實驗反映人類後天情緒反應的幾個要點，是便於解釋的實用例子，卻也陷入一個嚴重問題：許多二手轉述包含了無中生有的錯誤資訊。

在實驗初期，研究人員確實藉由製造巨響的方式讓小艾伯特害怕小白鼠，在持續實驗的五天期間，這份強烈恐懼依然延續。於此同時，小艾伯特對兔子、狗跟海豹皮外套也相當害怕，對聖誕老人面具及華生的頭髮有較不明顯的「負面情緒反應」，對棉球稍有反應，而且非常喜歡一組積木與實驗助手的頭髮。

過了五天，小艾伯特變得不太怕那隻老鼠，研究人員決定再製造巨響「重新制約」，並首次靠巨響直接使他害怕兔子跟狗（換言之，後來兔子跟狗不再屬於連帶害怕的對象）。三十一天以後，小艾伯特碰觸下列東西會感到害怕：老鼠、兔子、狗、海豹皮外套和聖誕老人面具。然而，小艾伯特也開始試著摸兔子跟海豹皮外套。這組實驗結束以後，小艾伯特的母親帶他離開醫院，研究人員再也無法做後續觀察。

經過詳細檢視以後，可以明顯發現心理學課本的說法不甚正確，小艾伯特其實沒有那麼害怕老鼠，也不太連帶害怕類似東西。心理學家艾森克（Hans Eysenck）所著的教科書說：「小艾伯特確實變得害怕小老鼠及任何毛茸茸的動物。」可是這個說法並不正確，小艾伯特在第二個實驗階段其實不太怕老鼠，研究人員當時的紀錄是：「他往左邊倒，四肢撐起身子，開始爬離那隻老鼠，但沒有嚎啕大哭。奇怪的是，他邊爬邊發出咯咯聲，即使遠遠爬到左邊並遠離老鼠以後依然如此。」至於說小艾伯特害怕「任何毛茸茸的動物」也是誇大其辭，畢竟研究人員只有觀察他對兔子跟狗的反應而已（而且研究人員即使在第二個實驗階段依然採取制約做法，在這兩種動物出現時製造巨響）。事實上，小艾伯特的害怕對象最常遭到嚴重誤傳，各種錯誤說法包括貓、白手套、他母親的圍巾和皮外套，甚至還有泰迪熊。最後，最有趣的誤傳也許是有些教科書自行改編實驗結尾，指出研究人員藉由「重新制約」讓小艾伯特克服恐懼，有時還描述得鉅細靡遺。

爲什麼小艾伯特實驗時常遭受扭曲，而且是扭曲成這個面貌？無庸置疑的是，這種扭曲方式使小艾伯特實驗成爲一則「好故事」。好故事包含許多要素，華生與雷納的小艾伯特實驗正屬佳例：簡單連貫，清楚說明制約恐懼的方式，而且結尾堪稱令人滿意（甚至皆大歡喜）。接下來，本章會探討好故事的構成要素。

以及更重要的是，本章也會探討我們如何**爲了說好故事而扭曲重要二手資訊，造成嚴重錯誤認知**。我們對世界的認知大多不是來自直接經驗，而是來自所讀所聞，在今日社會尤其如此。一旦我們了解二手資訊如何引起誤解，可以更明白許多稀鬆平常的錯誤認知是來自何方。

述說好故事

爲了明白好故事的構成要素，有必要了解敘述者與傾聽者的需求，了解雙方在這段互動過程想達成的目標（注：這段分析無意完整道盡一般人想藉由溝通達成的所有目標，只探討容易造成誤解與扭曲的目標）。由於溝通與對話是雙向過程，敘述者與傾聽者會有互補需求也就不教人意外。溝通的基本目標之一在於確保溝通的價值。對敘述者而言，這意謂他傳達的訊息值得傾聽；對傾聽者而言，這意謂雙方的互動必然在某方面有益。欲滿足這個基本目標必須符合某些先決條件，訊息既要可以理解（亦即不該預設傾聽者具備充足知識），又不該包含過多枝微末節（亦即不該預設傾聽者過度缺乏知識）。

強化與弱化

談到錯誤認知的來源，必須知道光是爲了符合上述基本條件就可能造成訊息扭曲。根據心理學家巴特萊特（F. C. Bartlett）、奧波特（Gordon Allport）和波斯特曼（Leo Postman）的一項古典實驗，當一個人必須把聽到的訊息傳給別人時，絕少會逐字重述，畢竟人腦的記憶力有限，而且敘述者往往擔心太多細節會造成傾聽者負擔過大，結果訊息的數量與種類就這麼受到局限。**敘述者講到關鍵重點會「強化」語氣，講到枝微末節則「弱化」語氣，二手資訊變得簡單「清淡」，較不具備模稜矛盾的瑣碎細節。**

小艾伯特實驗正是佳例。小艾伯特確實害怕老鼠，也稍微連帶害怕其他東西，但害怕的程度與對象則模稜兩可，不易解讀。由於小艾伯特實驗的主軸是古典制約恐懼，其他矛盾枝節形同干擾，許多教科書的作者索性略過不談。根據華生最初的研究報告，他們幾天過後必須對小艾伯特「重新制約」，而且兔子跟狗也一併搭配巨響。然而，其他學者及華生自己日後卻省略不提這類細節。

此外，這裡將概略探討口語溝通與文字溝通，舉凡面對面交談、文字印刷與新聞廣播都包含在內，因此有些用詞的定義十分寬鬆，例如「敘述者」包含各種「訊息傳播者」，像是著作者、播報員或面對面講話的人。同理，「溝通」「對話」跟「互動」等字詞有時會互相混用，「傾聽者」與「聽眾」亦然。

我們對素未謀面之人會抱持何種印象也是個格外有趣的例子。根據日常經驗，我們對素未謀面之人往往抱持過度誇大的印象，最顯著的證明是一旦我們終於見到對方，往往覺得不如想像中的魅力超凡或惡劣可鄙，不禁「大失所望」。換言之，對方通常不如想像中極端。這個現象可以靠強化與弱化作用加以解釋。

別人跟我們提到某人及其行為時，往往著重在人的身上，較少提及行為發生時的情境，畢竟敘事重點通常在於個人，敘述者往往把他跟他的所作所為講得有聲有色，背景情境則較為輕描淡寫。這種強化做法的背後有幾個理由。首先，我們傾向抹去其他條件，把行為與本人想在一起，認為言行舉止主要是反映個性而非外在情境，因此一般而言，合理做法大概是凸顯行為與性格的關連，不必提及當下情境。第二，這樣講述大概比較簡單：人跟行為往往可以用相同字眼描述，情境跟行為卻不太容易，例如可以說「衝動的人」或「衝動的行為」，卻沒有「衝動的環境」這種說法——雖然環境確實能引起衝動的行為。

由於二手資訊造成的落差，我們往往不清楚種種足以誘發或限制行動的情境影響因子，因此更加認為行為能反映個性，光憑傳聞就對素未謀面的對象抱持極端印象，但要是我們現場親眼目睹其行為，反倒不會有這麼極端的感受。

不少近期研究相繼支持這些見解。某組實驗的研究人員把受試者分爲兩組，一組稱爲「第一階段」受試者，負責觀看目標對象描述兩段過往經歷的影片，之後針對各種人格特質分別替目標對象評分，並錄下自己對目標對象的印象；另一組稱爲「第二階段」受試者，先聽第一組受試者錄下的內容，然後也針對目標對象的各種人格特質分別評分。不出所料，第二組受試者的評分比較極端。此外，研究人員分析第一組受試者的錄音內容，發現他們確實把目標對象各個行爲背後的環境因素加以弱化，例如他們講起目標對象懊悔的往事時，往往著重於描述目標對象的差勁行徑，較少提及背後牽涉的艱辛糾葛，目標對象的性情脾氣遭強化，背景脈絡則遭弱化。

另外一個截然不同的實驗也探討二手資訊是否容易造成極端印象。研究人員找來的受試者彼此認識，兩兩一組，請其中一方想出對方不認識的一位第三者（亦即目標對象），描述給對方聽，然後雙方針對各種人格特質替目標對象評分，結果不出所料，不認識目標對象的那位受試者評分較爲極端。這個現象在日常生活時常上演，例如大學生跟室友的父母、手足或兒時好友初次碰面，原以爲對方會是難纏可怕的魔頭，或聰明迷人的天才，結果對方本人往往平凡正常得多。

強化與弱化作用相對簡單，但仍因此扭曲許多二手資訊，包括二手印象與實驗結果等。二手資訊反反覆覆、以訛傳訛，越來越謬以千里，難以導正。在此再舉個無傷大雅的有趣例子，英語有「荷裔賓州人」一詞，但在賓州定居的荷蘭人其實向來很少，反倒是德國人較多，因此以前有「德裔賓州人」一詞，只是「德裔」（Deutsch）這個詞不易發音，長年下來美國人漸漸把發音強化爲「荷裔」（Dutch），導致現在許多美國人以爲賓州的先民來自荷蘭，甚至當地許多旅遊紀念品的包裝上有風車圖案，代表賓州這個「荷蘭」之鄉。

爲求傳達資訊與樂趣而造成的訊息扭曲

綜觀目前討論到的扭曲現象，部分起因在於敘述者想滿足一項預設需求：**讓自己與傾聽者都能從溝通中獲益**。重點在於一則好故事不該包含太多枝微末節，免得造成傾聽者的負擔，例如省略小艾伯特實驗的許多細節，並不詳述他所害怕的東西。然而，有益的溝通不僅應滿足這項需求，尚須符合許多條件，其中最重要的是提供資訊或樂趣。一旦傾聽者獲得資訊或樂趣，這段溝通就對他有益，敘述者可謂達成一項溝通的基本要求。

欲達此目標可以增加訊息的切身程度。某位熟人碰到的事，不妨說成自己的經驗。舅舅同事的遭遇，不妨講成是舅舅本人的遭遇。這類更動經常出於自我吹噓，意圖置自己於事件核心，但有時則出自非常單純的理由：拉近距離以後，故事更加鮮明具體，更能提供樂趣甚或資訊。

但增加切身程度的做法有個壞處：傾聽者很難準確評估訊息的可靠程度。許多時候看似是第一手資訊，其實是第二手資訊，甚至經過數次轉述，早已是第三、四或第五手訊息了。現在暫時回到小艾伯特的例子，許多教科書作者根本沒有讀過原本的論文，所寫內容自然錯誤百出。這是學術界常見的弊病：許多資料乍看只經過一次轉述，實則經過數次轉述。一般人當然明白資訊越是經過多次轉述越容易有誤，但要是資訊的眞正來源不清不楚，帶有誤導成分，我們很難不被蒙在鼓裡，也就不知該抱持謹愼態度。

我們有時可以按照一個概略標準調整自己對訊息的相信程度，那就是**只要資訊轉述的次數越多，就越抱持審愼態度**，但有時簡直防不勝防。比方說，如果某位值得信賴的人告訴我一則消息，我會全盤相信，殊不知他的消息來源其實是另一位不太可靠的對象。如果我們只留意當面把訊息告訴自己的對方是否可靠，恐有道聽塗說之虞。

這種把傳言當成第一手資訊加以散播（與接受）的做法，尤其容易害我們誤判某些現象在社會上的普遍程度。如果先後有八個人說他們朋友的十幾歲孩子因沉迷任天堂遊戲而腦部受損，我們也許認爲玩任天堂遊戲恐怕有害健康，但如果這八個人只是聽說有某個十幾歲年輕人因此腦部受損（他們聽到的很可能是同一個案例），則也許只是零星個案出現健康問題而已。

在愛滋病爆發的時代有一個有趣例子。以下故事我至少聽過四遍，每次對方開頭都說這件事是發生在「我朋友身上」「我弟的朋友身上」或「我同事身上」，我認識的許多人也多次聽到大同小異的故事，只是主角不同罷了。福門托（Michael Fumento）是作家暨記者，曾寫書探討異性戀與愛滋病，稱這個故事爲一則廣爲流傳的謠言。故事內容如下：

> 我朋友（或我弟的朋友、我同事等）到加勒比海度假，在城裡某間酒吧跟一個超正的女生勾搭在一起，最後勾搭到床上去了。隔天早上他醒過來的時候，那女的已經不見蹤影，只在床上（或浴室的鏡子上）留了一張紙條：「恭喜啦，我有愛滋病。」

這可能確有其事，也或許是隱含教訓意味的虛構故事，但絕對不是許多人的共同經歷，更不是我們周遭許多人的親身經歷。儘管故事廣泛流傳，但符合下列四個條件的美國女性根本不多：第一，患有愛滋病；第二，知道自己有愛滋病；第三，專找無辜對象報復；第四，全靠紙條表達恨意。然而，一旦我們聽到這個故事，認爲受害者「就在附近」，自然感覺周遭確實危機四伏。

提供資訊

爲了提供資訊或樂趣，敘述者不僅會誇大切身程度，也會刻意加油添醋。這在樂趣方面顯而易見：我們都知道別人有時會講得天花亂墜，想把事情說得更有趣好玩，我們則自行修正聽到的內容，並不照單全收。可是萬一對方扭曲事實的目標是利於「提供資訊」，我們也許不易察覺。**如果一項訊息包含過多條件限制，接收訊息者往往認爲較不具參考價值，因此敘述者傾向省略條件限制**。科技新聞時常如此：報導大有前景的科技發展，條件限制卻寫在不起眼的角落，或乾脆省略不提。比方說，新聞會報導低脂飲食有助降低血脂，絕少提及只有減少脂肪攝取，並且服用降血脂藥物的受試者能大幅降低血脂。

爲了傳遞資訊，敘述者可能扭曲事實以凸顯重點。比方說，防止兒童失蹤的宣導方式有利有弊，既對社會做出可貴的貢獻，使家長警覺到不該把年幼子女獨自留在危險區域，但也導致過度恐懼與過度保護，或使家長擔心錯對象：**多數報導並未指出，失蹤兒童泰半是被雙親中比較疏遠的一方帶走，而不是被人人提防的陌生歹徒綁架。**無論是以前的反大麻運動（在電影《大麻狂熱》〔*Reefer Madness*〕裡誇張得宛若鬧劇），還是現在的許多反古柯鹼說詞，也都有這種弊病，刻意扭曲藥效、成癮性與氾濫程度等「事實」，只求引起關注（然而，這些例子的目標不只是提供資訊，還有激起特定行動——或遏止特定行動）。

有時敘述者只是把錯誤資訊信以爲眞，以訛傳訛實屬無心之過，但有時則是刻意提供錯誤資訊，自認爲「這樣較好」。這在各個層面隨處可見，例如父母會告誡子女說：「不要上陌生人的車唷。附近有個小男生上車以後，他爸媽到現在都還找不到他。」這個誘拐案例也許純屬虛構，但孩童確實不該亂搭陌生人的車，如果告誡有效倒未嘗不可。同理，毒品也許不如反毒運動陣營所宣傳的那麼罪大惡極，無論成癮性、危害程度或實際影響人數都沒那麼高，但吸毒確實有害，並毀掉許多人的人生。有些人認為，只要稍加強化或弱化有助傳達訊息，就屬正確做法。

提供樂趣

一旦我們看重樂趣勝過涵義，資訊的準確程度往往顯著降低。我們相當重視樂趣，所聞所言因此受到大幅影響，日常對話當中的許多扭曲與誇大也源自於此。可惜心理學尚未清楚掌握「樂趣」這個困難主題（也不了解樂趣的反面：「無趣」）。雖然有些心理學家已著手探索，但心理學界至今尚未建立一套合適的理論架構，無法明白指出樂趣的來源與機制，也不甚清楚樂趣對日常生活的影響程度。這是心理學界的明顯缺失，畢竟在現代社會中，大眾花許多時間精力找樂子，而非日夜掙扎求生，很多人看重樂趣勝過形而上的意義與目標。

幸好，儘管這套理論架構尚未建立，我們仍能解釋樂趣是如何扭曲日常溝通。箇中關鍵非常簡單：敘述者想把話講得有趣，結果時常面臨兩難，必須在訊息的準確度與有趣度之間權衡拉鋸，有時趣味占上風，準確度不免遭犧牲。

敘述者跟傾聽者通常會有默契，知道雙方都著重趣味，這時敘述者不必拘泥於完全準確的說出訊息。我們在日常生活會給別人彈性表達的空間，例如以下兩個說法都毫無問題：「我笑到快死掉了。」或者：「這裡從來沒有出現過這麼壯觀的大浪。」只要說得有意思，不過於離譜，而且雙方對訊息的扭曲程度有默契，講法即可成立。日常生活充斥這類表達方式，一個絕佳例子是「**確實**」這個詞已失去意義。比方說，在一九八七年某場伊朗門事件的聽證會裡，伊利諾州眾議員海德（Henry Hyde）替雷根總統辯護時說出以下這句話，但大家幾乎毫不在意，甚至並未留意：「總統批准計畫的時候，可是有一把槍**確實**抵在他頭上啊。」

此外，把事實擺在一邊的默契不僅適用於日常對話，也見諸特定報章雜誌與讀者之間，最佳例子正是《太陽》與《全國特蒐快報》等銷路良好的小道雜誌，儘管裡面的各個故事荒誕不經，各種八卦毫無根據，許多資訊零碎混雜，但花錢購買的讀者倒覺得能獲得樂趣與資訊，〈我與大腳怪的愛恨情仇〉或〈食人族風乾頭顱大揭密〉等報導夠吸引人，整本雜誌就算物有所值。出版商跟讀者的想法一致：**報導內容有趣即可，眞實與否倒在其次**。

然而，有時敘述者爲求有趣而單方面扭曲事實，傾聽者並不知情，常見的例子是報章媒體上的不實報導。這類報導的目標是靠趣味吸引讀者，美國NBC新聞主播布洛考（Tom Brokaw）即坦承：「新聞既要有深度，又要有趣味，很難拿捏。」錯誤與造假的新聞是造成民眾諸多錯誤認知的一大元凶，部分原因在於民眾認爲多數新聞符合客觀正確的標準，實際上卻不見得如此。不幸的是，大眾沒有充分意識到「新聞不可盡信」，反倒往往認爲「新聞可以相信」。

可是有許多新聞確實包含不實消息。媒體從業人員承受高壓，必須設法交出成品，以期趕上截稿期限，塞滿新聞時段，或者創造廣告空間。新鮮有趣的新聞供不應求，有些媒體忍不住選擇曲解事實，降低查證標準，不顧客觀程度，靠假新聞補足需求，導致大眾面臨各種不實報導，例如幽浮、都靈的耶穌裹屍布，以及靠通靈辦案的偵探等，許多錯誤認知因此在社會裡根深柢固，偶爾還有人靠批評這類錯誤認知登上新聞版面。比方說，美國社會裡有一個廣爲流傳的不實說法：年過四十歲的美國未婚女性，日後結婚的機率跟被恐怖分子殺害的機率相差無幾。有多少女性因此草率結婚，這實在讓人不免好奇。

由於聳動新聞可以吸睛，媒體往往大肆渲染，加油添醋，有時甚至胡亂捕風捉影，根據不可靠的消息編造出不實報導。如同先前所述，聳動不實新聞的最常見題材就是種種科學無法解釋的超自然現象，例如大腳怪、幽浮，及超感官知覺的實驗，人類心靈的神奇力量也常成爲報導對象，例如靠正向減壓克服癌症等身心疾病。現在我想詳細探討一個扭曲報導的例子。

NBC播過數集《幽浮探秘計畫》，探討不明飛行物體的議題。爲了提高公信力，製作單位宣稱節目內容是依據美國空軍調查幽浮的「藍皮書計畫」。雖然製作單位把美國空軍的標誌清楚呈現在節目畫面上，暗示節目內容獲得軍方認可，但多數內容其實根本不符合軍方的調查結果。比方說，藍皮書計畫的結果報告是以下列數點作結：

一、美國空軍記錄、調查與評估之所有不明飛行物體皆不致危及國家安全。

二、經美國空軍詳查所有不明飛行物體之檔案紀錄，並未發現任何超越現今人類科學知識之尖端原理技術。

三、依據現有證據，並無任何不明飛行物體屬於外星飛行載具。

然而，每集《幽浮探秘計畫》探討完許多幽浮目擊事件，最後總以一個二秒半的片尾畫面作結：藍皮書計畫結果報告第一項內容的畫面。來得及讀完的觀眾也許認爲軍方已證實有外星幽浮，只是幽浮不致構成維安疑慮，即使是謹慎多疑的觀眾也容易信以爲眞。這個節目可謂過度重視娛樂效果，忽略傳達訊息之責任。

我在康乃爾的同事班恩（Daryl Bem）也留意到媒體偏好聳動標題與有趣

報導，剝奪大眾獲得可靠新聞的機會。先前班恩獲邀參加CBS的《早安您好》節目，談論筆跡鑑定。那集節目的主要賣點是另外一位筆跡分析師，他靠分析筆跡替大企業篩選求職履歷，賺取豐厚酬勞，至於班恩則常抱持懷疑論調，每當對方提出驚人論點，班恩就從學理角度指出筆跡分析的種種局限。

由於臨時發生重大新聞事件，節目並未現場播出，而是順延數日再播。在順延期間，節目製作人改變主意，嫌節目不夠「有趣」，固然其中一方講得精采萬分，另外一方卻不斷予以反駁。甚至班恩也認爲如果製作單位沒有邀請他當來賓，節目會「好看」許多。雖然製作單位找他提供批判觀點的原意很好，但最後決定不播出這集節目。由這個例子可見，一般觀眾喜歡新奇特別的節目，主流媒體也投其所好，客觀平衡的論點不受青睞，標新立異的內容較常播出。

個人利益造成的扭曲現象

傳達有趣資訊不僅可以符合溝通的基本要求，亦即讓傾聽者獲益，還可以滿足另一個常見的溝通目標：增加敘述者的個人利益。如果一個人傳達了有趣的資訊，代表他是個有趣的人，別人對他會有更好的印象。然而，個人利益不僅止於此。溝通過程包含許多自私的動機，訊息扭曲由此而生。

其中一個動機是**滿足個人的意識形態**。我們往往想影響他人的想法，因此決定適時採取強化或弱化的做法。先前討論到的反大麻與反古柯鹼運動就屬佳例，由於多數大眾無法正確評估吸毒的風險，反毒單位乾脆誇大毒品的危害，藉以防止吸毒人口增加。對他們而言，重要的是達成目標，而不是照實陳述。

許多人認爲美國異性戀罹患愛滋的風險同樣遭到誇大，愛滋病並未在異性戀之間爆發「大流行」，往後也不會爆發，畢竟多數異性之間的陰道交與口交不易傳染愛滋病毒（注：各界對愛滋病毒傳染率的估計差異甚大，但致力於破除異性戀愛滋「迷思」的福門托指出，如果異性戀愛滋患者與非感染者從事一次陰道性交，感染機率僅五百分之一。此外，口交感染的機率略低，肛交感染的機率則高出許多）。

然而，強調異性戀的罹病風險可以達到兩個政治目的。首先，從同志族群的角度來看，此舉讓大眾明白愛滋並不是「同志才會得的疾病」，社會能更願意投入經費研究愛滋，並減少對同性戀者的不當歧視。第二，衛道人士想藉此影響大眾的性愛觀念，亟欲使大眾因恐懼而只跟結婚對象發生性關係，藉愛滋規範「道德」，就像梅毒在二十世紀初期也有相同作用，當年有些衛道人士不樂見醫界開發梅毒藥物，免得他們失去箝制性愛的一大利器。某位衛道人士說：「要是我們一下子就讓這種疾病絕跡，就會立刻忘掉道德層面的問題，不出十幾年，世人就會淪為獸慾的俘虜，道德徹底淪喪。」

然而，如果要靠愛滋壓抑性愛，就不能讓大眾認為幾乎只有男同志、雙性戀男性、血友病患、靜脈注射藥癮者及其異性伴侶容易感染愛滋，因此異性戀罹病的消息遭大肆渲染，非洲與海地民眾的罹病比例也大肆報導，卻不提多數異性戀感染者的伴侶確實屬於危險族群，而且海地跟非洲的性愛觀念與公衛狀況跟美國堪稱天壤之別，當地疫情不太可能在美國上演。

現在回到一個較不嚴重的例子。小艾伯特的例子也涉及個人利益：學術上的個人利益。教科書作者想純粹從行爲主義角度解釋人類的學習方式，於是扭曲小艾伯特實驗，指出他受制約影響而害怕許多類似老鼠的東西，包括白手套等白色物品，還有海豹皮外套等毛茸茸的物品。後來「備戰理論」的擁護者則指出，由於演化使然，人類只傾向對特定方面產生制約反應，例如小艾伯特是害怕毛茸茸的東西，還有動物相關的東西。他們的說法比較貼近實驗結果，但仍因強化與弱化做法造成訊息扭曲，例如他們說小艾伯特害怕「老鼠、兔子和其他毛茸茸的東西」，而且「之後始終如此」，但其實當年研究人員只讓小艾伯特接觸一隻老鼠與一隻兔子而已，況且誠如先前所述，小艾伯特的制約恐懼是否長期持續其實人有疑義。

其實，我在此處數度提起小艾伯特實驗的各種誤傳版本，但這些誤傳並非源自刻意或無意間的嚴重扭曲，反而是非常典型的例子，反映我們有時會加油添醋，有時則輕描淡寫，只求說好故事。我其實得承認連我自己有時也會強調某些論點，目的是把想法傳達得更加清楚。爲了傳達簡單連貫的資訊，運用強化或弱化做法在所難免，即使力求平鋪直敘，也往往難以做到。

可信度造成的訊息扭曲

有時錯誤或不實資訊顯得相當眞實可信，因此得以四處流傳。要是我們得知乍看有理的資訊，往往不加設防，不僅輕易相信，而且繼續以訛傳訛。此外，我們其實很容易把錯誤消息信以爲眞，大概正是因爲如此，歌手巴比・麥菲林（Bobby McFerrin）自殺身亡的傳聞才能廣泛流傳。同理，正是因爲**我們容易輕信某些看似可信的資訊**（我們認爲這類資訊應該是眞的），所以報章媒體一直反覆出現下列報導：美國專利局的某位官員認爲今後不會再有新發明出現，決定辭職不幹。過去近百年間這個故事反覆流傳，卻從未實際發生，儘管依然看似眞人眞事。

另外一個可笑傳言涉及公家單位的繁縟規章，最常見的版本出現在一九五〇年代早期：「十誡只有二百九十七個字，《獨立宣言》只有三百字（此版本這樣說），林肯的《蓋茨堡演說》只有二百六十六個字，但物價管制局最近頒布的包心菜價格管制命令竟然多達二萬六千九百一十一個字。」事實上，物價管制局在運作期間（從一九五一年一月至一九五三年四月）從未管制過包心菜的價格，但儘管當局不斷闢謠，謠言依然持續流傳，即使在物價管制局走入歷史以後依然如故，甚至在一九六〇年代中期仍見諸報端，只是從物價管制局改成「某聯邦機構」。

這個錯誤消息能一再流傳，無疑是因爲本身顯得眞實可信。公家單位向來以冗贅著稱，政府規章往往複雜無比，所以難道不會有一份囉囉嗦嗦的包心菜價格管制命令嗎？這則傳言符合大眾的認知，自然廣泛流傳。

無論是麥菲林的自殺傳聞、短視的專利管理局官員，還是冗長的包心菜管理條例，統統略顯荒誕，但這種情形其實合情合理，畢竟在看似眞實的傳聞當中，最廣爲流傳的往往都帶有趣味，不甚嚴肅。自娛娛人的心理，結合看似眞實的消息，造成許許多多的謠傳。各種認知的重要程度顯然不盡相同，背後心態也彼此相異，有些是影響重大的嚴肅認知，有些則只是無傷大雅的輕鬆想法，無關相信，純屬喜歡，拿來自娛娛人，這類想法最容易成為廣泛流傳的謠言，光是乍看眞實有趣就足以爲人接受。

然而，這不代表影響重大的錯誤認知不會因爲看似眞實而廣爲流傳，事實並非如此，在醫療領域尤其有許多明顯例子，各種不實偏方往往獲媒體報導或口耳相傳，第七章會針對這方面詳加探討。

兩難困境

讀者在閱讀本章時也許會感到左右爲難。本書前面章節時常提到，我們在檢視事證時易有漏洞，日常經驗包含各種誤導，個人經驗往往帶有偏見局限，而且我們不見得能加以公正衡量，因此我們不該太過相信個人經驗，而是該重視客觀明確的事實，研究人類判斷與決策的學者尤其建議大眾少仰賴個人認知，盡量採納客觀的基本概率與統計數據。比方說，當我們考量自己與另一半是否會以離婚收場，主要該關注的不是現在雙方有多熱烈與契合，而是全美目前將近五成的離婚率。誠然，我們不該完全揚棄當下感受與個人認知，但也該考量一般大眾的普遍情況，這是所有心理學家的一致見解。個人經驗並非絕對正確，最好也參考相關統計數據，而目前我們顯然做得不夠。

這些都說得很對，但統計數據從何而來？數據的準確程度又該如何判斷？比方說，廣泛流傳的五成離婚率到底是什麼意思？是指半數婚姻以離婚收場（若是如此，每次離婚都會納入統計，多次離婚者會讓數據比實際更糟），還是指半數人口一生至少會離婚一次（若是如此，多次離婚者不會重複計算）？**如果我們不清楚定義，就很難靠整體離婚率評估自己的離婚機率**。

一般而言，離婚率是指年度結婚數除以離婚數。多年以來，每兩對結婚的夫妻就有一對離婚，造成「半數婚姻以離婚收場」的說法，但多次離婚者也包含在內，因此個人平均離婚率其實沒有這麼高。此外，要靠這個數據評估個人狀況還會面臨另外一個難題：總離婚率是該年度各年齡層離婚率的加總結果，亦即二十餘歲、三十餘歲和四十餘歲等不同年齡離婚率的加總，但現在五、六十歲的夫妻往往較不容易離婚，年輕夫妻則較容易離婚，因此年輕夫妻要評估這輩子的離婚機率並不容易，該當格外謹慎。

數字真的會說話？

其實統計數據的準確程度很難評估。我們很少自行動手蒐集數據，既不太會利用科學期刊查找相關資料，也不見得能讀懂，只好以接收二手資訊為主，例如讀報章媒體所整理的報導，可惜媒體報導往往經過大幅扭曲。

異性戀罹患愛滋機率的報導就屬一例。如果你是只有單一性伴侶的異性戀者，沒有靜脈注射藥癮，屬於中產階級，你該多擔心自己是否會感染愛滋呢？下列說法我們多半耳熟能詳。歐普拉說：「研究指出五分之一的異性戀者將在三年內死於愛滋病，也就是說一九九〇年以前會有高達二成的人喪命。說眞的，愛滋不再是男同志才會得的疾病了。」《今日美國報》說：「最晚到一九九一年時，十分之一的新生兒會是愛滋寶寶。」愛滋委員會的數任會長都說：「據我們所知，愛滋病正對社會構成史無前例的嚴重威脅，比過去幾個世紀的黑死病更危險。」依照這些說法，罹病機率確實高得驚人：在一九九〇年以前，五分之一的異性戀者將會喪命！到一九九一年時，十分之一的新生兒會是愛滋寶寶！如果說法屬實，眾多異性戀者顯然已感染愛滋病毒，異性之間的性關係必然相當危險，任何相信這類說法的人只能跟配偶發生性關係。

幸好這些說法根本言過其實。一九九〇年，遠遠不到五分之一的異性戀者感染愛滋，遑論死於愛滋，多數愛滋患者仍是男同志、靜脈注射藥癮者，以及後者的異性伴侶。而且愛滋寶寶的比例毫無激增，依然遠遠小於十分之一，媒體所言並不正確。

相較之下，個人經驗雖然有時不太可靠，卻更能正確評估愛滋病對異性戀者的威脅程度。大多數美國人都不認識有誰因為異性性行為感染愛滋，連朋友的朋友也舉不出來（先前提及的一夜情謠言並不算數，因為無法證明「受害者」確實感染愛滋）。因此，個人經驗可以戳破各個誇大愛滋風險的危言聳聽。目前誇大程度仍難確認，也極富爭議，但現有數據指出實情比較接近個人的經驗（「愛滋不可能那麼氾濫，我根本沒認識半個愛滋患者」），而非媒體的說法（「五分之一的異性戀者將在三年內死於愛滋病」）。

那麼我們到底該以什麼做爲判斷依據？是個人經驗，還是統計數據？如果兩者衝突該怎麼辦？決策理論家目前發展出一套正規程序，可以同時評估這兩種來源的資訊，但要是統計數據並不準確，這套程序很難派上用場。如果個人經驗與統計數據相符，我們大可認爲自己的認知正確，但如果兩者不符，該先懷疑自己的認知是否有誤，至於不明二手數據也容易有誤，不應盡信。這兩個重要的資訊來源不必然可靠，必須小心加以判斷，有時我們所能做的也只有小心爲上，但光是記得分辨可靠認知與薄弱誤解已屬一大進步，畢竟有時「一無所知的麻煩不大，錯誤認知的麻煩才大」。

最後一章會廣泛探討如何避免日常經驗造成的錯誤認知，目前最重要的是該如何衡量媒體上的二手報導，例如：某個說詞能否相信？某個數據是否可靠？幸好，有些原則可供遵循：

考量資料來源

考量資料來源是最重要的方法，我們明明知道卻時常忽略。我們都不會認眞看待《全國特蒐快報》，而是看重《紐約時報》，但知名大報的消息來源是什麼呢？舉愛滋爲例，我們應該比較相信的是流行病學家的見解，而不是性治療師、搖滾明星或知名演員的看法。流行病學家致力於探討流行疾病，最有資格針對愛滋傳播提出預測。性事與愛滋有關，因此媒體也會詢問性治療師的意見，但他們或許了解性功能障礙，懂得如何處理有關性愛的疑難雜症，卻不見得清楚愛滋傳播等複雜議題。如今涉及愛滋的各種危言聳聽充斥社會，大致而言，只有流行病學家的見解最正確可靠。

然而，即使知道以專家的見解爲重，實行起來卻不太容易。**記者時常曲解專家的意思，常見招數是引述專家平常的一句話，搭配偏頗說詞，彷彿後者也獲專家認可**，比方說：「據信每三位青少年就有一位沉迷古柯鹼，總統特別反毒委員會成員奈斯也指出：『反毒大戰相當棘手。』」奈斯也許確實認爲反毒大戰相當棘手，卻不見得認同「三分之一」這個預估數字，但媒體並置兩句話的做法容易造成誤會，導致讀者認爲兩者都是他的意思。我們必須小心區分直接引述與額外暗示。

相信事實，質疑預測

對未來的預測容易出錯，即使以此爲業的專家也不例外，像是氣象學家時常誤判隔日天氣，經濟學家往往錯估經濟指標，因此我們該看重專家提出的事實而非預測。雖然流行病學家對愛滋傳播的預測值得關注，**但更該留意的應是既有事實**，例如目前實際的愛滋病患人數，或者是同性戀者、異性戀者與靜脈注射藥癮者的感染比例，抑或是捐血人口之中出現愛滋陽性的比例。如同先前所述，重點在於懂得小心爲上，謹慎看待任何對未來的預測。

留意強化與弱化做法

科學界人士很少做出準確估計，例如他們不會只說「五四％的選民支持向進口油品徵稅」，而是會加上「正負誤差在四個百分點」。科學預估幾乎都會列出範圍或「信賴區間」，疾病管制中心也許會說：「我們預估美國境內共有五十萬至一百五十萬名愛滋帶原者。」然而，較高的數字顯然更有報導價值，因此媒體往往省略範圍不講，只提較高的數字：「疾病管制中心指出，高達一百五十萬名美國人……」我們該知道任何「高達」二字都是強調信賴區間其中一端的極值，用來吸引目光，我們不該全盤接受，而該打點折扣。

謹慎看待各種現身說法

媒體時常請受害者現身說法，藉以凸顯問題的嚴重程度，這種做法相當有效，足以讓大眾設身處地，對弱勢感同身受，媒體的職責即是如此！然而，我們不該因此誤判問題的普遍程度。感同身受實屬理所當然，但客觀判斷不應隨之起舞。任何現身說法再感人催淚，也只是個人經歷，我們通常沒什麼道理認爲那一個人有助我們了解整體問題的普遍程度。**同情個人是一回事，評估到底有多少人同受其害則是另一回事，碰到任何煽動人心的現身說法都該謹慎看待。**

簡而言之

二手資訊不夠準確，容易造成錯誤認知，而非促進正確認知。如果資訊本身不可靠，根據資訊所做的判斷也無法正確，錯誤資訊幾乎只能導致錯誤認知，而這些認知甚至看似是依據個人（二手）經驗判斷的「必然結果」。

第六章

認同想像：對想法一致的程度過度高估

·····

一旦獲得他人認可，我便對個人主張信心滿滿。

——哲學家　諾瓦利斯（Novalis）

我們認爲別人怎麼想，自己也往往會這麼想。我們對性愛、毒品等各種「生活作風」採取支持或反對立場，部分原因在於自認別人也是這樣思考或行事。我們決定是否觀看某齣戲時，往往參考劇場外頭排隊的人數多寡。同事離職前，大家決定合買禮物餞行，我們往往想知道其他同事贊助多少，再決定自己的出資金額。

某程度而言，這種做法堪稱合情合理，別人的想法跟行爲確實甚具參考價值。假設其他條件保持不變，越多人相信的事物往往越正確，越多人採取的做法往往越理想。

可惜在我們參考別人的想法與行爲之際，很難做出準確評估，無法有效善用這種重要的間接資訊，反倒過度認爲別人跟我們有志一同，拿別人替自己背書，結果各種認知更爲根深柢固，連錯誤認知也不易獲得修正。

我們常高估別人跟自己想法一致的程度。換言之，這種機制主要關乎我們原本既有的想法，是鞏固既有的錯誤認知，而不是創造全新的錯誤認知，再加上影響範圍廣泛，幾乎涉及所有認知，因此在第七章到第九章討論具體實例時，我比較不會明確提到這個機制，而是比較常提及前面章節的影響因素。然而，這種機制具有舉足輕重的廣泛影響，在分析不實與錯誤認知時勢必加以探討，否則論述不夠完整。

社會投射作用與錯誤共識效應

把個人想法與態度投射到他人身上的做法由來已久，最廣爲人知的大概就屬佛洛伊德的心理防衛機制分析，他發覺一般人會注意別人的負面特質或作爲，卻沒意識到自己也半斤八兩，例如丈夫正視自己對妻子的不滿以前，也許會注意到許多夫妻彼此失和。然而，自從佛洛伊德的時代起，許多研究也指出一般人傾向於把自己的想法投射到他人身上。有些人喜歡開快車、聽吵鬧音樂或享受午夜時分，不僅樂於把喜好掛在嘴邊，還容易認爲別人也所見略同。

近年學界著重於探討「錯誤共識效應」。**錯誤共識效應是指高估他人跟自己具有相同認知與喜好的程度**。親法人士容易認爲別人也崇尚法國文化與法式美食，酒鬼容易認爲不少人也喜歡飲酒作樂。在一項廣獲引述的實驗中，研究人員問大學生是否願意背著寫上「我是罪人」的廣告看板在校園走動，許多學生表示同意，許多學生則選擇拒絕，接著研究人員請他們預估其餘同學同意與否的比例，結果他們的預估跟自身選擇息息相關：同意背廣告看板的學生認爲六〇%的學生願意背，拒絕背廣告看板的學生則認爲只有二七%的學生願意背。

我得在此強調錯誤共識效應的相對特性。**一般人往往不是認爲多數人跟自**

己想法一致，只是在預估某個想法的普遍程度時會受個人認知影響。基本教義派的教徒不見得認爲多數大眾與他們想法近似，只是當談到基本教義派在總人口中的比例，他們的預估往往較高，無宗教信仰者的預估則多半較低。

多數近期研究在探討錯誤共識效應時，側重分析我們爲何下意識高估別人跟自己想法的一致程度。目前學界認爲錯誤共識效應大概沒有單一主因，而是多種因素共同造成的結果，並可由許多具體機制加以解釋。後續研究檢視其中涉及的許多認知變數與動機變數，已大致驗證現有假設。

比方說，研究指出錯誤共識效應有部分源自我們想正面看待自己的判斷，因此靠主流想法加以支持。一旦認知參雜個人情感，或先前有損及自尊的失敗經歷，我們會格外誇大別人跟自己想法一致的程度。此外，我們也愛認爲名人跟自己所見略同，這種現象也符合這一套解釋方式。

其他解釋方式著重於我們一般接觸的資訊類型，還有接收資訊的模式。事實上，我們平時往往選擇接觸各種符合自身認知的資訊。保守分子愛讀觀點傳統的報章雜誌，驗證自己的保守觀點。基本教義派的教徒愛讀擁護「創造論」

的文獻，不願接觸進化論，因此更加堅信進化論純屬理論而非事實。**我們往往對支持自身論點的資訊另眼相看，對否定自身論點的資訊置之不理，結果容易認爲自己的論點正確可靠，符合大衆認知**。但要是我們可以平均接觸正反兩面的資訊，可就難以如此信心滿滿。此外，我們不僅接觸的資料失之片面，連來往的對象也不夠全面，自由主義者有自己的同溫層，運動愛好者也有自己的圈子，志同道合才會齊聚一堂，彼此的想法喜好相差不大，每當我們想估計自己某個想法的普遍程度，多半是想到看法相近的身邊友人，而非看法迥異的陌生人等，結果誤以爲許多人跟自己想法一致。驗證這種解釋的最直接例子是某個研究指出，當一個人認識的癮君子越多，往往越容易高估整個社會裡的吸菸人口比例。

錯誤共識效應某方面也源於我們對自身想法與行爲的解讀，如果我們認爲某些想法與行爲是受外部因素影響，例如受社會局勢或特定議題影響，我們會假定別人也受到類似影響，並有跟我們相仿的想法與行爲。換言之，**我們相信重大社會情勢一旦影響到我們，也會影響到他人**。相較之下，如果我們的想法與行爲是受個人性格與過往經歷影響，就比較沒道理認爲別人也有類似的思維舉止。總的來說，錯誤共識效應相當普遍，許多資料顯示一般人較常靠外部環境因素解釋自身行爲，較少靠內部個人因素解釋（注：這種傾向僅發生於我們解釋自身行爲的情況。誠如先前章節所述，我們往往是把他人的行爲歸因於個性脾氣）。然而，我們把行爲與想法歸因於外部環境影響的程度並非永遠不變，而是有高有低，造成的錯誤共識效應也就有大有小。

我多年前跟同事丹尼斯與珍妮絲以研究驗證這個見解。在其中一項實驗中，我們請受試者解釋個人喜好，結果提及內部因素的受試者比較不受錯誤共識效應影響，提及外部因素的受試者則相反。在另外一項實驗中，我們按照外部因素可能影響的程度多寡，把問題分門別類，有些問題與**外部因素**比較有關，例如：「你會買艾克森美孚或通用汽車的股票？」有些問題跟**個人因素**比較有關，例如：「你偏好替兒子取名爲雅各或伊安？」結果受試者回答第一類問題時較容易表現出錯誤共識效應。

最後，錯誤共識效應還有另外一個起因，一個也許最有意思且影響深遠的起因，涉及多數議題、選項與狀況本身的不確定性。在我們針對某個議題下判斷以前，必須先知道明確的定義或涵義，比方說，如果我們要決定自己偏愛法國片或義大利片，首先得確定這兩個詞的定義，一旦確定以後，不僅影響到自己的偏好，也影響到我們對他人偏好的預估。如果我們心目中的義大利片是《單車失竊記》與《大路》等經典之作，往往就會偏愛義大利片，並認爲多數人跟自己所見略同，但如果想到的是義大利式西部片，則會對義大利片評價較差。

値得注意的是這個觀點涉及兩個前提：第一，大家對問題的解讀大不相同；第二，一般人往往沒有意識到這一點，因此無法準確預估自己與他人想法的一致程度。**我們解讀問題的過程往往相當迅速自動，近乎不假思索，而且又認爲別人跟我們會有相同的解讀，結果常忽略別人或許有不同的解讀方式**。

實證研究已充分探討這類解讀差異引起錯誤共識效應的程度多寡，指出多數人通常知道一樣米養百樣人的道理，不至於過度認爲人人所見略同，卻往往忽略另外一點：大家對問題的解讀角度常截然不同，即使觀念類似的人之間也不例外，這就造成各種歧見。社會心理學家阿希（Solomon Asch）多年前說過，**歧見不盡然源自各人對某個事物的「評斷」不同，反而往往是源自各人對該事物的「界定」相左。**我們不知道許多歧見會由此而生，結果容易高估別人跟自己意見一致的程度，以爲許多人跟自己所見略同，進而更加固執己見，即使不符邏輯或經驗仍執迷不悟。

他人回饋不足的現象

一般認爲，別人的回應有助糾正自己多數的錯誤認知，尤其是對他人想法的錯誤認知。我們以爲一旦自己想錯了，尤其是誤解別人想法時，對方會告訴我們。這種想法某程度上當然沒錯：經過跟他人的溝通互動，許多奇思妄念會煙消雲散。然而，接下來我會在本章說明，別人並不如想像中那麼常糾正我們，其中的一個原因誠如先前所述，在於我們往往是跟志同道合的人來往，但更大的原因在於即使跟想法不同的人相處，對方也多半不願意公然質疑我們的想法（這裡是指成人往往不願公然批評他人，小孩則通常童言無忌，因此我們多半在童年得到最直接的回應或評語，得知自己有一對招風耳，五音不全，或者跑步姿勢古怪。相較之下，成年人時常在聚會完回家以後，才發現褲子拉鍊沒拉，牙齒卡到菜渣，或者鼻毛露在外頭——但先前大家完全不吭一聲！換作是小孩，往往迫不及待想指出毛病）。

寫作本書的經驗即驗證這一點。過去幾個月以來，許多人問過我在寫什麼書，這樣問的包括相信精神力量與全人醫療的人，也就是我將在第七章與第九章質疑的對象。讀者也許認爲我會飽受批評，但並非如此，當我大略描述完本書的內容以後，對方往往點頭贊同，表示肯定，而我想他們這種反應其實相當常見！想像一下角色對調，換成是我們不認同對方，我們是否通常不會出聲反駁？比方說，如果同事抱怨自己遭到埋沒或薪水太低，我們即使覺得對方的牢騷毫無根據，仍往往沉默不語或點頭同意。如果有人說想替剛出生的子女取某個名字，儘管我們暗自認爲那個名字彆扭造作，仍會略表贊成。如果有人問我們是否喜歡他們替房子新漆的顏色或他們剛買的家具與擺飾，我們的反應也大同小異。即使談到政治等嚴肅議題也不例外，小說或電影裡的角色也許會爭執得面紅耳赤，但**現實生活裡很少人會針鋒相對**。

這種情形實在隨處可見。首先，離群索居的人（尤其是寡婦鰥夫）往往擔心身邊沒有人可以指正他們的缺失或怪癖，導致他們漸漸變得怪裡怪氣。他們認爲只有好友或家人才能直言不諱，指出錯誤認知或不當舉動，至於不熟的友人多半選擇睜一隻眼閉一隻眼。

第二，日常禮儀也使我們不願公然反對他人。社會學家高夫曼指出，禮儀代表社會的常規習慣，有時是清楚的行爲規範，是否該公然反對他人就屬一例。比如，筆名「禮貌小姐」的瑪汀告訴讀者：「我們不該隨意指正他人。」常寫文章探討禮儀的波斯特也有相同說法：「智者寬以待人……」以及：「有時即使自知有理，最好仍謹守沉默，例如不該妄加批評他人的宗教信仰或政治立場。」換言之，守禮之人似乎很同意浪漫詩人海涅的一句話：「上帝使我們有口能言，是要我們對朋友口出善言。」這類建議造成的結果顯而易見：一旦**大家把禮儀謹記在心，往往不會直接糾正別人的錯誤認知或不當舉止**。

心理研究也證明我們不願表達異議。雖然探討這個議題的研究不多，但已明確指出我們不願與他人起衝突的心態。在多項實驗中，受試者必須在一群人面前討論某個議題或人物，而那群人對該議題或人物已有定見，有時研究人員是請受試者抒發己見，有時則是提供資料請受試者統整說明，結果受試者在兩種情況下往往都偏向那群人的看法。我們通常會在某人的朋友面前稱讚他，在他的死對頭面前批評他，堪稱一鼻孔出氣。我們跟別人討論雙語教育或稅制改革時，通常會根據對方的立場調整講法。

這樣做的原因十分明顯，那就是避免意見摩擦所造成的不愉快。意見不合容易導致齟齬，佯裝同意也是情有可原。此外，我們也生來懂得某個人際心理的基本規則：**人往往喜歡志同道合的對象**。我們知道表達異議容易遭人討厭，即使有時確實出聲批評，也得自稱「只是吹毛求疵」或引述他人意見。然而，這招不見得可以奏效，因爲一般人總認爲嘴巴說出來的話代表內心眞正的立場，即使是引述他人也不例外。有則故事說，某人帶回軍隊戰敗的消息之後被處以砍頭極刑，這也是出於類似道理：「傳達壞消息的人」不是元凶，卻容易平白遭受牽連。

每當康乃爾大學心理系的教授會議（我想還有其他場合）結束以後，會出現一種特殊行爲，跟我們不常碰到公開衝突稍微有關。即使系裡平時的氣氛和樂融融，教授會議有時仍會劍拔弩張，大家對於如何解決某些棘手問題各持己見，彼此嚴重分歧，這時我們難得會公開抨擊別人，針鋒相對，互相遊說。各種衝突其實早已存在，只是大家閉口不談，直到開會才一舉爆發，彼此跟同陣營的人熱烈交談，跟「另一個陣營」的人則談得小心謹慎。

會議過後是一段「減壓」時間，大家四處走動，三五成群，回顧剛才會議上的各個說法，既是想釐清意思，更是想化解不快，如同在做團體心理治療。我不禁認爲如果我們更常公開討論歧見的話，也許不會有這種明顯反應。

日常閒聊也反映出我們不常公然衝突或提出異議。如果我們無法當面實話實說，直接表達反對意見，有時會藉由閒聊的過程宣洩給第三者知道。（順帶一提，這個第三者是理應會同意我們的對象，至少表面上同意。）此外，閒聊有助接近事實，形成「三角驗證」過程，我們與別人各自的片面認知能相互對照，截長補短。我們知道別人在日常互動裡很少表達異議，永遠無從確定是否聽到真心話：「她真的喜歡我的演講嗎？」「他們真的喜歡他嗎？還是他們知道我喜歡他，所以講出迎合我的場面話？」**藉由得知別人的看法，可以從不同角度看事情，修正原本的偏差認知**。比方說，別人對我們是一套說法，對其他人是另一套說法，我們能從中拼湊出他們更真實的想法。現有研究多半指出閒聊有助各方一起了解事實，主要原因在於我們不見得能當面聽到別人的心底話，而閒聊有助填補這個空缺。

我們在日常互動時不願表達異議，這無疑是最常見的情況，但不肯直言的現象可不僅限於多半無傷大雅的日常互動，而是連總統顧問有時也不肯提出異議，儘管此舉有助激發審慎考量與熱烈辯論，進而得出更周全有效的政策。有時他們不肯提出質疑的原因在於擔心意見不被接受，從而影響仕途。當年美國副總統漢弗萊並不贊同總統詹森的越南政策，起先直言不諱，卻被踢出決策核心長達數月，後來他學會把質疑吞下肚裡才「重新返回團隊」。即使某位總統顧問不計個人毀譽，有時仍無法暢抒異議，免得破壞團隊和諧。根據心理學家詹尼斯提出的**「團體迷思」，在具備高度凝聚力的顧問團隊中，個別成員過度著重團隊共識，儘管肩負著制定決策的重責大任，仍不見得願意暢所欲言，有時因此導致糟糕可怕的政策。**詹尼斯引述歷史學家史列辛格（Arthur Schlesinger）談到豬玀灣事件的一段自我譴責：「那時我在內閣會議廳裡幾乎沉默不語……僅僅提出幾個小問題而已。我只能說當時氣氛如此，導致我壓下大肆批評的衝動。」

藉由檢視總統顧問團的內部紀錄，能清楚看出壓抑異議所立刻造成的不良後果與直接影響，至於本書著重探討的影響雖較不直接，較不即時，卻更加廣泛。**我們多半不肯直言異議，也就無法妥善檢驗各種認知，無法讓眞理越辯越明，反倒過度認爲大家與自己所見略同，變得更加堅持己見，即使違背邏輯或經驗仍往往執迷不悟。**

第三部

不實與錯誤認知的實例

第七章

對「另類」療法的不實認知

我的一大原則是從不輕信，並在最近幾年厭惡起「全人」這個沒意義的字眼。過去兩千年來人類努力提出種種有用見解，卻遭這個字一併混淆。

——蘭伯特，厄普戴克小說《電腦上帝》的主角

綜觀各界，醫療保健領域最是充斥各種不實與錯誤認知，並往往造成危害。《獨立宣言》簽署者之一的名醫班傑明．羅許在十九世紀仍靠放血治療黃熱病的病患，包括他自己在內。即使在現代社會，許多癌症病患仍對偏方趨之若鶩，遠赴墨西哥尋找根本無效的抗癌杏仁果，到菲律賓拜訪靠通靈詐財的「醫師」，或在美國本土求助於牟取暴利的信心治療師。愛滋患者病急亂投醫，尋求各種所費不貲的療法或藥物，包括靠搥胸刺激胸腺，生殖器

在陽光下曝曬，從直腸灌入臭氧，還有注射雙氧水。

抱持錯誤認知的不只是無知愚民而已。培根認為靠豬皮擦揉可以消除肉疣，華盛頓相信靠兩根各八公分長的金屬棒穿過患部就能治療多種疾病，英國政治家格萊斯頓認為只要每次都準確咀嚼食物三十二次再嚥進肚中，身體會更加健康，否則為什麼人類生來有三十二顆牙齒呢？

如果羅許的放血療法仍未點出問題的嚴重程度，我想在此強調這類錯誤認知不只是無傷大雅的閒聊話題，而是往往造成嚴重後果的重要議題，不僅導致金錢損失與身心創傷，甚至害人平白喪命。據估計美國人每年花費一百億美元在不實療法上，其中的三十億美元花在抗癌，十億美元花在愛滋治療。至於更嚴重的人命傷亡方面，洛杉磯地區檢察官辦公室的約翰．邁訥指出：「蒙古大夫比各種罪犯害死更多人。」

為何許多人願意耗費大筆金錢尋求往往有害的療法？必然有某些原因使他們相信療法（可能）有效，即使事實並非如此。那些原因到底是什麼？這類療法與各種疾病到底有何特性，導致許多人相信顯然無效的不當療法？

想相信的念頭

這類錯誤認知四處氾濫，部分原因在於另類療法相當吸引人。無論是確實罹患不治之症，或擔心自己身染重病，都足以令人恐懼不已，不顧一切想抓住救命之道。傳統療法束手無策，另類療法則給予希望，無怪乎最常採取偏方的患者多半是罹患難以治癒的疾病，例如關節炎和癌症，甚至有人想靠偏方對抗老化。我們亟欲相信偏方，並未審慎思考，有時徹底盲目。

傳統療法一籌莫展，另類療法卻教人安心，結果從許多方面影響到我們的想法行動。許多絕症患者面臨藥石罔效的局面，只好孤注一擲尋求偏方，他們說：「我總得試試看。」或者說：「死馬當活馬醫吧。」甚至乾脆說：「幹麼不試？」只要心中燃起一絲希望，他們無疑會竭盡所能的緊抓不放，彷彿完全相信偏方的效果，這時外人不見得能夠區分他們是鋌而走險或真心相信，其實連當事人自己也常搞不清楚。靠外在行動可以矇騙他人，也可以矇騙自己。

病急亂投醫也是無可厚非（當然，前提是他試的「療法」不會傷身，或至少不會比傳統療法更傷身）。死馬就當活馬醫，爲何不試？

然而，胡亂嘗試的做法並非本章重點，畢竟病患起初並不抱持任何強烈認知。本章想探討爲何有些人對另類療法的功效深信不疑，認爲療效已獲病患經驗或醫學理論證實。想相信的念頭在此也發揮作用，相信有藥可醫能帶來慰藉，從而影響對療效的評估狀況，**我們變得樂見正面資訊，忽視負面資訊**（參見第四章）。

然而，這不代表一般人純粹是盲目亂信。另類療法背後通常確實有些薄弱佐證，供相信的人死命抓住，他們替療效辯護時不會光是說：「反正我就是相信啊。」相較之下，他們可能會拿這句話替宗教信仰辯護。可是另類療法到底有何佐證？爲何無效的療法能顯得有效？爲了弄懂這個問題，我們必須探討病症的本質。

後此謬誤

許多人只看見醫藥或手術的功效，卻低估身體的自癒能力。**在我們尋求醫療的疾病中，大約五〇％屬於「自限性」病症，亦即可以靠身體自癒，無須服藥治療**。人體如同一部神奇機器，具備超凡的復原能力。有鑑於當年醫學發展相當遲緩漫長，還包括許多傷害人體的療法，例如放血療法與環鋸手術（在頭蓋骨鑽孔驅逐邪靈），如果人類不具備高度自癒能力，大概早已放棄靠醫學對付傷病，不會在十九與二十世紀發展出消毒法、疫苗、抗生素跟各種進步的手術。或至少只會靠非侵入式的儀式與禱告治病。

由於身體的自癒能力極佳，即使醫生沒幫上忙，許多病患仍覺得治療管用，就連無效的療法也顯得有效。採取治療以後，病症開始減輕，病患於是對療效留下印象。醫學專家梅達沃指出：「如果一個人——一、生病了；二、接受治療；三、然後病症減輕，這時別人很難憑醫學解釋讓他相信身體會康復也許不是醫療的功勞。」

第二章談到個人經驗造成的謬誤，而這就是一個值得關注的例子。當一個人採取某種治療以後，無從得知如果採取另一種治療（或根本不予治療）會有什麼結果。一心只想著身體確已康復，沒去想換個做法的可能結果，形同犯下「後此謬誤」。（譯注：此爲拉丁文 post hoc ergo propter hoc，或譯爲「錯誤因果」，直譯則是「後此故因此」，指的是如下的錯誤推論：「如果A事件先於B事件發生，則A事件是造成B事件的原因」。）

非自限性病症也會造成一般人對療效的錯誤認知。即使身體無法自行痊癒，病症也不見得會持續惡化，而是時好時壞，病患在好轉期間可能對療效產生錯誤認知。畢竟，我們何時會尋求治療？答案通常是病況明顯惡化的時候。然而，在病況時好時壞的情況下，**即使治療完全無效，症狀也往往會從谷底好轉，此即先前提過的迴歸效應**。一般人往往沒意識到迴歸效應，或不清楚多數病症會忽好忽壞，於是把一時好轉歸功於治療有效。這又是後此謬誤。

事實上，要是症狀惡化就立刻採取某種「治療」，幾乎任何後續發展都能證明治療的效果。如果症狀減輕，患者會認爲治療有效，就如先前所述。如果症狀保持不變，患者依然能認爲治療有效：畢竟治療讓症狀免於惡化，而且保持穩定。此外，要是一個人最初對療效深信不疑，即使有人病情惡化甚至死亡，他的信心也不見得會減損分毫，反倒認爲也許問題在於藥量不足，或在於病患太晚尋求治療，總之他會設法提出解釋。這種做法影響甚大，足以使人對無效療法執迷不悟，接下來我會詳加探討。

化失敗爲成功

由於症狀時常自行好轉，即使徹底無效的療法也能顯得確實有效，但這類療法仍有許多失敗案例，這時仍需加以解釋。如同先前例子所示，常見做法是否定失敗案例。信心治療師用起這招尤其方便，要是病患並無起色，他們大可推託說是病患仍心有雜念，或說神意本即難測。信心治療師J．J．羅傑斯把話說得很清楚：「要是我治不好病患，那是他們的靈魂有問題。」名氣更大的精神治療師庫爾曼也採用類似說法：「治療患者的不是我，而是透過我發揮力量的聖靈。」

全人醫療著重以心理影響生理，強調身、心、靈的統合，因此也常靠類似藉口替失敗開脫。全人醫療有一句知名主張：「重點不是罹患哪種疾病，而是自己是哪種病人。」這樣說來，要是哪位病患的症狀沒有好轉，問題純粹出在他不屬於良好的「那種病人」，也許冥想時間不夠，沒有好好達成身心靈的統合，或者沒有從病痛中領悟到適當的「啓示」。問題不在於全人照顧的原理錯誤，而是在於患者沒有把原理妥善運用。

然而，過錯不僅可以推給病人，還可以推給治療人員。如此一來，全人醫療仍顯得有效，問題只出在執行層面，例如某位全人醫療的提倡者竟然說，如果全人醫療並未發揮功效，問題是出在治療人員沒有徹底了解照護做法並妥善運用。

持平而論，這類藉口也見諸傳統醫療領域，例如外科醫師有一種老套說法：「手術很成功，可惜病患還是不幸過世。」然而，這類藉口在另類醫療領域更常出現，也更受看重，因爲另類醫療領域很仰賴病患的個人經驗，許多另類療法的提倡者甚至完全拒絕靠控制實驗檢視療效，反而只想靠病患的「親身經歷」證明療效，但誠如剛才所言，有時病患會受實際經驗誤導，把無效療法當成寶。傳統醫生也許會替治療失敗找理由，但至少認同科學檢驗的價值，終將藉由審慎檢驗找出療法的缺點，諸如放血治療、苦杏仁療法和門腔靜脈分流術（參見第九章）的缺點就已獲確認。

可悲的是，拿治療失敗怪罪病患的不只是治療人員而已，還有病患自己。庫爾曼的神奇治療無法奏效時，多數病人並不怪她，反倒責怪自己平日過得不夠虔誠，或者認爲上帝自有安排。許多採取全人療法的病患也寧願責怪自己，而不是對療效失去信心。大力提倡正念減壓抗癌法的西蒙頓夫婦明白指出：

> 早期有些病人認爲我們給了他們抗癌之鑰，於是心想：「太好了！我要戰勝病魔！」後來發現，他們抗癌失敗之際會感到歉疚……最後，他們的家屬捎來……他們的遺言：「跟西蒙頓夫婦說治療還是有效的。」或是：「告訴他們，這不是他們的錯。」

替失敗找藉口的做法其實反映出對治療結果的偏頗解讀。如果某人相信治療的效果，他會十分看重正面佐證，嚴加檢查反面事例，並且設法提出解釋。雖然如同先前所述，即使明顯無效的治療有時也解釋得過去，但要是起先即不保證明確療效，解釋起來顯然更加容易。換言之，如果某種無效療法宣稱能概略改善症狀，而非明確治好疾病，會比較容易贏得信任。有一項針對癌症病患的調查，受訪病患都採取非傳統療法，像是新陳代謝治療、食療、信心治療等，其中有些病患同時搭配傳統治療（例如化療、開刀或放射線治療），有些病患則否。跟本章先前提到的例子一樣，他們多半慶幸自己選擇非傳統療法，但同時認爲非傳統療法有助概略改善整體健康（三分之二的病患這樣表示），而不是有助確實消滅癌症（不到一半的病患這樣表示）。保證的療效越模糊，病患越容易找到正面佐證。

正是基於這個原因，許多另類療法不會針對特定病症，而是宣稱可以帶來「全人健康」，提升「身體運作」，促進「身心一致」——還有其他難以反駁的籠統說法。信心治療師（faith healer）充分善用這類模糊說詞，審愼避免具體預測病情，例如庫爾曼會在演講時說：「有個觀眾的關節炎正在康復當中，是我正在對抗病魔。」這句說詞被推翻的機率實在微乎其微。現場群情熱烈，幾乎必然會有至少一位觀眾感到症狀舒緩，起身「宣稱自己正在康復」。值得注意的是庫爾曼並不是這樣說：「有個觀眾的皮膚病正在康復當中，是我正在對抗病魔。」這個說詞顯然會被當場拆穿。她會提及的多半是看不太出來的病症，例如黏液囊炎、偏頭痛、癌症或聽力受損。再舉個相關例子，一位睿智的法國人造訪盧爾德鎮，在這個以天主教朝聖地聞名的鎮上看到許多別人丟棄的眼鏡、助聽器與拐杖，不禁表示：「咦，怎麼沒有義肢呢？」

我並不是暗指庫爾曼靠含糊說詞掩人耳目，在重症患者面前招搖撞騙。雖然有些信心治療師確實會招搖撞騙，但也有些是打心底相信正念治療，我無意指名道姓的說某位治療師是好是壞，重點在於含糊標準不僅是江湖郎中的利器，還會害我們看不清治療是否有效。如果沒有一套衡量病況好壞的準確標準，我們容易因爲期待心理而特別留意正面佐證，過度看好療效。由一個小故事能看出就連諾貝爾獎二度得主也會受模糊標準蒙蔽。二度獲得諾貝爾獎的化學家鮑林長期提倡以維他命C預防感冒等小病，某次有人問他跟他太太（當然是由她確保兩人都攝取所需的維他命劑量）是否不再受感冒所苦。「對呀。」他說，「我們完全不會感冒。」然後他補上一句：「頂多有些小傷風。」

看似合理

我們相信某些事的原因在於，這些事看似合理。我們相信筆跡等分析可以反映深層個性，因為背後邏輯很有道理：人的外在表現應該會反映內心狀況，面對不明確刺激（例如黑點或紙片）時尤應如此。同理，多數人認為吃牛肉會增加心臟病的風險，部分原因在於牛排側邊或煎鍋底部的油脂看起來就是阻塞冠狀動脈的元兇，在人體外頭黏黏膩膩的油脂，攝取進體內依然會又黏又膩。沒錯，**看似合理的事物往往確實合理，可是我們也常因此遭受蒙蔽，尤其是背後邏輯失之膚淺表面的時候**。

許多醫療方面的不實認知正是源自於此。如果對自然或人體運作抱持錯誤的基本概念，容易覺得某些觀念看似很有道理，而採取各式各樣的錯誤做法。第二章提到的「代表性」就屬於這種基本概念。這個概念太過普遍，也許最好視爲後設理論（譯注：後設理論是指其他理論或概念背後的理論）。根據代表性概念，結果應該跟起因相仿，同類該彼此相似，甚至物以類聚。在醫療領域，病症應該跟病因類似或能引起聯想，病症跟療法也該如此。

人類早年的醫療方式最能反映這個認知，認爲病症跟病因及療法有許多共同的外在特徵。比方說，中國古代的大夫認爲蝙蝠視力絕佳，有助治療眼疾，因此拿蝙蝠當藥材，要求眼疾病患服用。同理，原始部族會強逼惡人吃下肝臟（他們認爲肝是慈悲之源），早期西方醫生叫氣喘病人吃狐狸肉（狐狸以耐力聞名），甚至如今許多另類療法的醫療人員推薦精神疾病患者服用牛腦萃取液。

極有意思的一個例子是順勢療法，由赫尼曼（Samuel Hahneman）醫師創立於十八世紀晚期，至今仍在全人醫療領域廣獲推行。根據赫尼曼的見解，如果某個物質能在健康的人身上引起某種症狀，就能拿來治療所有出現類似症狀的患者。換言之，他認為病因與療法之間有某種類似關連，並稱之為「類似定律」。他做出一連串「實驗」，讓健康的人服用各式各樣的草藥、礦物與其他物質，記下後續症狀，彙整為用藥叢書，書中做法至今仍在順勢療法圈中獲得參考。雖然這種連結病因與療法的簡單做法乍看很有意思，但現有研究已否定順勢療法的效果。

也許順勢療法的另外一個基本原則更能凸顯其漏洞。赫尼曼提出「微量定律」，背後邏輯也相當粗糙。他給健康的受試者服用特定物質時，發現只要服用量越少，引起的症狀越不嚴重，於是他認為病人服用的藥量濃度越低，症狀減輕的程度越高。順勢療法的書花很長篇幅描述如何做出各種極度稀釋藥劑，例如有些藥物必須加上「十溝」倍的水（譯注：decillion，十的三十三次方）。經過這種稀釋，病人等於完全沒有攝取進任何藥物，但順勢療法的醫師堅稱配方有效，經過極度稀釋以後更加有效。這個說法同樣遭現有研究否定。

代表性判斷也影響一般人對食物的直覺認知。有些人認為特定食物的基本性質會直接轉移到攝取者身上。誠然，「人如其食」這句英文諺語有時確實沒錯：吃進太多油脂會變胖，攝取過量胡蘿蔔素會讓膚色泛黃——胡蘿蔔素存在於胡蘿蔔與番茄中。然而，這個認知時常被過度引申，淪爲異想天開。心理學家羅津（Paul Rozin）請數組大學生推測不同（虛構）部落土著的個性與身體素質，例如其中一組學生所知道的部落以山豬爲食，並會捕獵海龜獲取龜殼，另外一組學生所知道的部落以海龜爲食，並獵捕山豬獲取長牙，結果學生所做的推測跟部落主食息息相關，他們認爲以海龜爲食的部落擅長游泳且個性慷慨，以山豬爲食的部落則比較兇悍且可能蓄鬍。換言之，他們確實認爲人如其食，許多特質都受食物影響。

許多針對關節炎的食「療」也是根據類似見解，認爲食物的外在特性經過消化以後依然存在，並在人體內發揮相同效果。唐·亞歷山大醫師著有《關節炎淺談》，認爲替關節補充油脂可以對抗關節炎。他建議關節炎病患盡量攝取油脂，如果餐點中含有油脂，則用餐期間不得喝水。他認爲油水不互溶，因此水會破壞油的潤滑功效。迪弗·賈維斯醫師著有暢銷書《民俗療法：來自佛蒙特州的健康指南》，也採用相同邏輯，自述在尋求關節炎的解方時，「研究水電工如何去除鍋爐內部的鈣沉澱。」他認為能在體外除鈣的方法，也能對付體內頑強的沉澱物質。水電工是使用某種酸性物質解決問題，於是賈維斯推薦病患靠喝醋（較溫和的酸性溶液）減緩關節炎的僵硬程度。

這類療法忽略一個事實，那就是消化系統會改變絕大多數的攝取物質，無論某種成分在體外有何性質，在體內往往遭大幅轉換或完全失效，例如醋會從弱酸變成鹼性，可惜有些人不見得有此認知，只憑直覺判斷是否合理，不斷採取無效療法。許多風行一時的食療都有這個問題。賈維斯還說過：「油與醋不相溶，也許脂肪與醋也不相溶，靠醋可以打敗脂肪。」許多人採用他的食療，可見他的邏輯顯然乍看有理。

廣為風行的定期「排毒」療法也出自這種簡單理論。我們會定期清潔汽車引擎與錄音機內匣，好讓設備運作更順暢，於是相信腸胃也不妨定期清潔。有些人靠禁食，有些人靠灌腸、大量灌水或吃優格，至於最極端的做法大概是「連恩扭結術」。英國醫師連恩（Arbuthnot Lane）跟許多同仁擔心人類自體產生的毒素，亦即體內逐漸累積的代謝廢物，他自認發現食物殘渣經過某段結腸時會減速，所以他創出連恩扭結術，開刀切除那段結腸，數百名不幸找他求診的病人均動過這一項手術。

暫且撇開連恩扭結術不談，許多這類手術看似符合直覺想法，實則不甚合理。有些人說定期禁食是「讓身體休息一下」，灌腸可以「洗掉」毒素。雖然「休息」與「清洗」之類的比喻式說法也許看似合理，但人體運作未必如此簡單。雖然毒素累積體內絕非好事，但人體已演化出良好排毒機制，過分簡化的拙劣做法也許適得其反。

總而言之，我們必須自問各種認知是否主要只是表面看似合理。**我們容易自然而然的依照代表性做判斷，因此該格外留意種種出自「物以類聚」預期的認知。**比方說，有些專家認爲當年大眾不願接受細菌造成疾病的說法，部分原因來自代表性判斷，他們不認爲死亡與殘疾等「重大」結果竟然源於細菌這種「微小」原因。當然，原因確實時常與結果相仿，但例外也不勝枚舉，應謹慎小心爲上。

「新時代」的全人醫療

過去二十五年間，越來越多人尋求傳統醫學以外的替代療法，這類療法往往冠上「全人」或「新時代」等字眼，基於兩個原因值得特別探討。首先，有些全人醫療想法是由頭腦清楚的學者專家加以推廣，有些則是由一般人士熱烈擁護，而且全人醫療的涵蓋範圍與實際做法有時不甚清楚。第二，由於全人醫療無法清楚界定，也就難以判斷當前的趨勢是好是壞。這些新時代觀念是否有益？或者，由於涵義模糊不清，是否格外容易流於上述弊病與錯覺？

到底何謂全人醫療？大致而言，全人醫療是一種非傳統醫療照護方式，宗旨是反對傳統「西方」醫學偏向唯物的簡化做法。傳統醫學往往設法找出器質性病因，採取抗生素或手術等侵入性物理治療，著重於處理特定的局部病灶。相較之下，全人醫療傾向從心理（甚至靈性）角度探討病因並加以治療，著重於「整個人」而非局部病灶，認爲許多疾病源自於身、心、靈的「失衡」，例如《全人醫療期刊》的宗旨是強調「追求個人平衡」。

那麼該如何達成身、心、靈的平衡？簡單來說，全人醫療有一套較少爭議的預防性養生做法，包括均衡飲食與適度運動等，認為每個人都該為自己的健康負責，藉由良好的生活方式促進「全人健康」，並妥善選擇疾病的治療方式。許多全人醫療人員還提倡以更直接的做法追求平衡，例如冥想、瑜伽、生理回饋治療與正念想像練習，他們聲稱這些做法不僅可以促進身、心、靈的一致，還有辦法減少壓力，讓人不容易罹患心理、社會或環境引起的疾病，然而各界對這些做法的效果仍爭論不休。最後，全人醫療最令人置疑的當屬一系列或舊或新的古怪做法，唯一共同點就是否定傳統醫學，亦遭傳統醫學否定，這些做法包括心靈診斷、心靈治療、手相診斷術、洗腸保健法、信心治療法和虹膜診斷學（靠檢視虹膜上的斑點診斷身體各處疾病）等，要不違反既有知識，要不已遭臨床實驗證明無效，甚至既違反現有知識又經證明無效。

全人醫療的「正面」影響

扣除上一段最後提及的錯誤做法，全人醫療的許多觀念與做法確有優點，例如留意治療方向絕對是一個明智建議。就算醫生再用心關切病況，也不會比病人本身更加關心，況且不是所有醫生都對病人非常感同身受，因此病人必須充分了解自己所罹患的疾病，主動跟醫生討論治療方向。人非聖賢，孰能無過，醫生當然也是如此，有時甚至會嚴重誤診，可見我們不該把醫生當成絕對正確的天神，而是當成知識豐富的諮詢對象，雙方攜手對抗疾病。

全人醫療有一個優點在於提倡預防的觀念。雖然預防與治療都能對付疾病，但預防做法比較省錢且不痛苦，有時還更加有效。過去兩百年以來，人類的健康狀況與平均壽命大幅提高，但出乎一般人意料的是，這跟醫藥與手術不大有關，反倒該歸功於人類更有辦法預防疾病，例如發明淨水技術與牛乳殺菌法，建立完善的地下水系統，還有改善飲食狀況。事實上，人類壽命提高的主要原因在於，上述的預防措施與流行病疫苗大幅降低嬰幼兒與青少年的死亡率，至於成年人的平均壽命在過去百年提升不多，例如四十五歲的成年男性在十九世紀的平均預期壽命約為七十歲，跟今日差異不大。

全人醫療的另一個優點是協助一般人面對疾病、殘疾或痛苦。這在今日社會尤其重要，畢竟現在醫學發展遲滯，罕有劃時代的「神奇特效藥」，例如癌症醫療進展牛步。病程預測逐漸進步，病人活得更久，卻往往飽受藥物與手術摧殘折磨，醫學進步的結果只是讓病人拖著病體死撐，這時全人醫療倒可以派上用場，就算冥想、深層肌肉放鬆與正向想像練習根本無法消除病灶，至少有助病人活得更舒服愉快，更能應付症狀，甚至覺得病況在自己的掌握之中——光是此感覺就相當有益，即使純屬錯覺也無妨。

全人醫療的模糊之處

全人醫療認為心理可以影響生理，但許多主張無法以現有技術準確檢驗。嚴謹的學者專家表示心情與個性能影響免疫系統的運作，狂熱擁護者宣稱心靈平和與品德節操也有同樣效果。雖然他們已有不少令人振奮的發現，但上述許多說法仍有待商榷（順帶一提，「主流」生物醫學界竟有這個蓬勃興盛的研究領域，這本身就違反全人醫療擁護者的一個常見說法：「現有」傳統醫學對身心和諧的理論並不鼓勵，甚至大加貶抑）。

雖然現在要提出明確定論尚言之過早，但仍可淺談一二。我個人認爲全人醫療的多數極端說法終將站不住腳。比方說，就算想像練習有心理層面的助益，我也不認爲有助實際消除器質性病灶，部分原因出自一個簡單的「迴歸」預測（見第一章）：**任何新興領域的極端說法絕少實現，審慎評估通常比較實際**。

然而，撇開這些抽象思考不談，相關研究本身也包含以下特點，令人對療效抱持審慎態度。比方說，光是現有研究數量之多，就必然使人置疑。似乎所有心理因素都已獲研究證實可以影響免疫系統，舉凡參加考試、壓抑怒氣、意圖影響他人與自認遭到孤立都會抑制免疫力，至於放鬆、想像練習與看喜劇片則能提升免疫力。

這些研究清楚指出心理狀態可以影響免疫系統。這並不出人意料，畢竟我們早就知道壓力會導致疾病，但一旦我們檢視所有近期研究，會發覺跟原有認知截然不同。根據這些研究，幾乎只有悶悶不樂、孤立無助與內心壓抑的人才會生病，而光靠改變想法就足以減緩病情。相較之下，我們原本認爲幾乎任何人都可能遭病魔襲擊，無論病患的內心多想康復，仍往往難敵病魔的無情摧殘。

研究結果樂觀，實際狀況卻殘酷，那麼我們到底該如何加以解釋？一個解釋方法是，**雖然心理狀況明顯影響免疫系統，但免疫系統對身體健康的影響程度不如原本想像得大**。許多免疫學家確實懷疑免疫系統的改變是否有助人體抵禦疾病，目前醫界尚無法憑單一方式準確評估免疫力的高低，只能靠一套複雜指標概略反映整體禦病能力，因此特定免疫功能的暫時漏洞不見得有多大影響，往往能迅速復原，或靠其他免疫功能加以彌補。也有專家認爲雖然心理狀態或許有助防止疾病生成，卻對已經形成的器質性病灶無能爲力。

回顧過往例證有助釐清這個議題。不久以前，醫學仍普遍認爲免疫系統與中樞神經系統彼此獨立，人類完全無法控制免疫能力。這個認知不僅符合既有生理學知識，也符合演化觀點。免疫系統相當重要，關乎個體生存，最好獨立運作，而不是隨著意識與想法起起伏伏。正如我們希望肌肉反射屬於自動反應，不受心理狀態影響，我們會希望免疫系統也是如此，否則一旦陷入悲傷、焦慮或憤怒等常見情緒，免疫功能也同陷泥淖，個體的生存會飽受威脅。換言之，免疫功能不受情緒影響的個體比較容易通過物競天擇，得以適者生存。

有些人也許認爲，最有辦法生存的個體應該是可以靠心理狀態增強免疫功能，而且不會因情緒降低免疫功能。這講法沒錯，但天底下可沒有這種兩全其美的好事，如果心情與想法可以影響免疫系統，必然既會有正面影響（增強免疫力），也會有負面影響（抑制免疫力）。事實上，根據全人醫療的相關研究，正面影響跟負面影響的程度相差無幾。

生理學領域日漸進步，如今我們知道神經系統與免疫系統並非完全各自爲政，舉凡胸腺、脾臟、淋巴結和骨髓（製造免疫細胞的重要器官）裡都有神經纖維，免疫細胞本身有各種神經傳導物質的化學受器。然而，這不代表演化觀點不再具有參考價值，半自主的免疫系統或許仍較有利生存。如果免疫系統容易受各種心理狀態影響，會有某些好處，例如能靠想像練習來緩和病症，但有一得就有一失，這種免疫系統必然有利也有弊，有助健康但也有損健康。如果有些正向減壓練習的擁護者說得沒錯，健康狀況深受腦中想像的影響，這樣是福是禍可很難說，連醫學系學生或許都很難撐過第一學年，畢竟許多醫學系學生在學習新疾病時，會想像自己身染該病，或唯恐日後身染該病。他們的免疫系統大概還是別受到腦中想像的影響比較好。

如果免疫系統深受心理狀態影響，確實會導致許多麻煩，只要看完悲傷的電影，演講時遭觀眾刁難，或得知家裡養的小狗死了，身體就會蒙受風險。我個人希望想法不會影響自己的健康。但不知你是否跟我一樣，我一想到腦中的想像或許會影響健康狀況，腦海就湧起掉髮、心律不整和末期癌症等一連串想像，陷入全人醫療諄諄告誡的有害狀態。這個現象類似於一個簡單實驗的結果：研究人員請受試者想像有人會「讀心術」，能窺探受試者的內心想法，結果許多受試者都忍不住想起各種難堪的事情。同理，如果研究證實腦中想像與健康狀況息息相關，我想多數人很難不時常想起疾病與衰老。

總之，在我們等待心理神經免疫學進一步的研究結果之際，應記得兩件事。第一，談到心理是否會影響免疫功能，目前有不少極端論點（這些論點往往是由全人醫療擁護者所提倡，而他們自己並非相關領域的人士），但多數論點終將站不住腳。第二，經過詳細檢視以後，我們也許不大希望極端論點成眞。

全人醫療的負面影響

全人醫療強調人人要替自己的健康狀況負責，這個觀念可以有諸多言外之意，也就有利有弊。一方面，誠如先前所言，這代表最能照顧個人健康的是自己，而不是醫生，因此可以鼓勵我們採取更健康的生活方式，並蒐集醫療資訊，成爲主動選擇治療方式的「消費者」。另一方面，這個觀念使人相信適當的想法與心情有助健康，但這樣一來，明顯暗指病患並未抱持正確心態，否則不會罹患疾病，結果病患或身心障礙人士成爲他人與自己的譴責對象。

全人醫療領域流傳的許多說法清楚反映這一點，例如從常獲引述的這句信條即可見一斑：「重點不是罹患哪種疾病，而是自己是哪種病人。」某位知名全人照護教科書的作者也說：「如果不發揮潛能，就容易罹患疾病。」新時代信心治療師絲特拉頓認爲：「疾病只不過是深層心理問題引起的症狀，這類問題連自己都不見得有意識到……我關注的是心結從何而來，又爲何無法解開。」最後，雷根時期教育部長貝內特的臨時助理嘉德納針對身心障礙人士寫道：「他們怨嘆命運不公，但事實並非如此。一切不過是種什麼因，就得什麼果。」她還說：「每個人的外在狀況看似有好有壞，並不公平，但其實外在狀況只是反映內在靈性的發展。」教育部理應維護身心障礙人士的受教機會，大眾不會樂見教育部官員有這種觀念。

許多負責任的全人醫療提倡者留意到病患遭譴責的問題，設法加以扭轉，卻不見得有辦法成功。假使我們認爲心理與靈性因素影響健康甚鉅，合理推論就是病人的心理與靈性可能有問題。病患很難不問「爲什麼」或「爲什麼是我」，這類問題往往得不到答案，他們可能會把自身疾病歸咎於任何明顯原因，包括全人醫療擁護者口中的心理與靈性因素，從《新時代》雜誌收到的一封讀者來信可見一斑：

我因為慢性發炎疾病導致身體出現殘疾，但目前還治不好自己。我試過想像練習，試到都快瘋了，還試過數也數不清的食療與禁食，不斷鼓起勇氣去試任何可能有效的療法。上個冬天，我終於明白這樣拚命發狂想治好自己根本適得其反。大家都說我有問題，所以病才好不了，我想他們說得對，但周圍每個人都說我會生病是自己的問題，這樣講眞的很讓我難過。

可惜這不是個案。許多癌症病人在接受訪談時表示，他們覺得生病的事自己也有責任。他們不僅飽受疾病摧殘，還認為病因在於自己的心理與靈性有缺陷，這種自責豈非極度可悲？走筆至此，我想到威廉·史岱隆的精采小說《蘇菲的抉擇》。蘇菲有一段封塵心底的痛苦經歷，一個相當殘忍的兩難抉擇，隨故事情節慢慢展現於讀者面前：她由火車載到奧斯威辛集中營以後，一名納粹黨衛軍說她只能留下兩個孩子中的一個，另外一個必須進毒氣室領死，她必須當場做出抉擇，否則兩個孩子都得死。她像一般母親那樣，遲遲不肯抉擇，那名黨衛軍見狀示意帶走她的兩個子女，這時她出於直覺喊出一個立刻讓她陷入自責的答案：「讓我女兒去吧！」

天底下還有比這更殘酷的命運，更難解的創傷嗎？有些大屠殺的倖存者能擺脫夢魘，但蘇菲不能擺脫夢魘重頭來過，因爲她在那場抉擇中扮演了重要而主動的角色，無法把不幸與憤怒完全推給外頭，無法把噩運完全怪罪於別人的惡意。那位黨衛軍讓她既是受害者，也是共犯。

如果我們認爲疾病源於負面情緒、未解心結、品德瑕疵與靈性缺陷，病患就會面臨跟蘇菲一樣的困境，淪爲噩運的共犯，無從責怪命運，陷入自責苦惱，即使想尋求他人的安慰，卻擔心暗自遭受指指點點。蘇珊·桑塔格在《疾病的隱喻》指出，有些人認爲心理狀態會導致疾病，意志力則能治療疾病，

「這反映我們對疾病的器質層面仍相當無知。」除非我們更了解疾病的器質層面，否則病患仍得蒙受指責——就像在發現結核桿菌之前，肺結核病患也飽受指責。

我們對心理與疾病的關連仍莫衷一是。在徹底釐清以前，不妨採取審愼態度，認爲病患的心理與靈性層面並非病因，畢竟他們的負擔已十分沉重。

第八章

對人際策略的不實認知

若替錯誤辯解，越辯往往越糟。

——莎士比亞，《約翰王》

在康乃爾大學任教有許多好處，教職員網球場就是一例。球場位於校園一隅，一座小山坡下，景色宜人，絕少颳風，柔軟的泥土地面有助減緩球速，雙方特別容易打得你來我往，誤以為自己球技精湛。最近我在場上打球時，不經意聽到以下的對話，說話者是舉國聞名的大教授，也是當地知名的網球迷。

A：「我好期待呀。好幾個禮拜沒打球了。」

B：「我喜歡偶爾擱下工作來打球，打球讓我精神一振，而且更能專心。」

（兩人繼續閒聊。）

B：「我的膝蓋很不舒服，上禮拜打球時扭到了，之後動作就沒那麼靈活，也許該去看骨科。」

A：「喔。」

（兩人繼續閒聊。接下來，等兩人打完第一局以後……）

A：「我覺得球拍上的線拉得不好，擊球的感覺不太對勁。你都是去哪裡弄的啊？」

（B走回底線，充耳不聞。）

我身爲社會心理學家，覺得這段對話格外有意思，清楚反映我在課堂上闡述的一個現象：「自我設障」。**自我設障指的是設法替自己的表現找理由，藉此左右別人的看法**。比方說，我們會先提出自己面臨的不利狀況，替之後的失敗找藉口，講得像是任何人碰上這種狀況都不免面臨失敗。要是後來我們取得成功就更好了：照理講，對方會對我們的本事更感驚豔，認爲我們是能克服不利條件的眞正好手。

自我設障策略其實分爲兩種：眞實自我設障與假造自我設障。「眞實」自我設障是設置眞實可見的障礙，會害自己確實不容易成功，但也有藉口替失敗開脫。學生不在考前最後衝刺，有企圖心的演員在試鏡前喝醉，都是很好的例子。這樣做以後，有時甚至注定以失敗收場，但起碼別人不會認爲失敗原因在於能力不足（至少當事人希望別人不要這樣想）。

另一方面，「假造」自我設障是一個風險較低的策略，當事人只是宣稱自己面臨不利條件，在事前或事後替失敗找藉口。雖然這招四處可見，但大概是在運動場所與學校（尤其是大學）等表現結果一清二楚的地方最常出現。在運動方面，我想大家對本章開頭的例子都很熟悉。在學業表現方面，許多大學生似乎是在比誰可以書讀最少（至少自稱如此）卻考得最好，英文甚至出現專用單字「sneaky booker」，指表面不用功但私下偷讀書的傢伙。

自我設障的現象反映許多有趣議題。眞實自我設障讓我們好奇一個人到底希望別人如何看待他，是才華洋溢的酒鬼比較好，還是完全發揮潛力的庸才比較好？浪費大學四年只求建立不讀書的形象到底有何好處？我想到ＣＢＳ的《六十分鐘》節目曾訪問網球名將麥肯羅，主持人提及他有一陣子表現不佳，另一位名將藍道卻打得很順，他回答說自己終究比藍道更有天分，藍道的排名較高「只是」因爲練球較勤。這個自我設障很有意思！難道我們會因爲藍道比較認眞而降低對藍道的評價，因爲麥肯羅比較打混而提高對麥肯羅的評價？今日社會不看重苦幹實幹，這類自我設障做法隨處可見，讓人好奇今後社會是否日漸不重視決心毅力，卻稱許外貌、口才與體能天賦。

綜觀自我設障做法流露出的奇特偏好，背後原因在於特定領域不只要求「優秀」（亦即高於平均），更要求「卓越」（亦即位居前茅），或者至少看似卓越，可惜卓越往往無法單靠努力，還得依賴天賦，因此要是無法躋身頂尖，至少得讓別人認爲自己是受障礙所累，否則也能表現得出類拔萃。採取這類自我設障策略的人甘願放棄平凡結果（亦即讓人覺得「優秀」），只求換取更佳結果（亦即讓人覺得具備非凡潛力，但要是手法不夠好，恐怕顯得裝模作樣）。

自我設障牽涉的另一個議題是欺騙對象爲何？演員在試鏡前喝得酩酊大醉，不僅可以避免別人認爲他的才華不夠，也可以避免自己心生類似想法。學生裝作不用功，不僅可以避免別人覺得他笨，也可以避免自己這樣覺得。那麼自我設障的欺騙對象到底是誰？多數相關研究都以此爲主題，但目前尚無定論。許多研究清楚指出自我設障的欺騙對象是他人，較少明確證據指出欺騙對象是自己，但這當然不代表這類例證並不存在，只代表這個問題有待進一步探討，才能得到明確答案。

自我設障還涉及另一個有關「爲何」的問題，假造自我設障尤其如此。這個問題不是「爲何」選擇某些人作爲欺騙對象，而是「爲何」相信這招有效，或者爲何明知無效仍繼續運用。我們找的藉口有時會「奏效」，因爲別人很難判斷藉口的眞僞。然而，多數自我設障做法其實往往不太管用，影響他人觀感的效果不如預期，假造的藉口會被看穿與忽視。

在本章開頭提到的打網球例子，兩人顯得不太理會對方的難處。大學生很少欣賞那些宣稱偷懶卻成績優異的同學——所以才會有專門的詞來形容他們。

我跟同仁最近確實做過許多實驗，發現假造自我設障多半難以奏效，例如我們請受試學生舉出宣稱偷懶卻成績亮眼的同學，然後問他們有何看法，結果他們多半並不相信，反倒認爲那些同學是在裝模作樣，而且裝得不像。

歷久不衰的無效策略

我們有不少交際策略，用來抬高自己或達成其他目的，但其實通常適得其反，自我設障正屬一例，其他例子包括藉名人自抬身價，吹捧自己，還有刻意積極表現好讓人留下印象，至於賣弄炫耀與高談闊論有時也算在內。如果這些策略不管用，爲何我們繼續採用？爲何我們並未發現這樣做往往弊大於利？有時別人會暗示他們認識名人或富豪，例如說：「法蘭西斯的那幅作品畫得有些綁手綁腳。」或者說：「雖然布魯克表面上不是這麼說，但我感覺她在普林斯頓向來過得不太自在。」（譯注：原文僅提這兩位名人的名字，未提姓氏，藉此表示說話者在跟他們裝熟）。這時我們往往會轉頭翻白眼，既懷疑又厭惡。有時別人會直接吹噓自己的事蹟或人脈，例如說：「我到滾石合唱團的後臺去，跟主唱米克喝了一杯啤酒。」或者說：「當年沃茲尼克和賈伯斯主要是靠我爸的點子才做出蘋果二號電腦。」我們聽完暗自不爽，心想自己可沒這麼好騙。

本章將探討爲何吹噓、自我設障跟藉名人拉抬身價等做法明明時常無效，卻依然廣獲採用。乍看之下，巴結諂媚與逢迎討好也該包括在內，拍馬屁確實有時顯得刻意造作，容易適得其反。（像是有學生說：「教授，你眞的教得非常好。對了，我的期中考……」）然而，我認爲逢迎諂媚還是時常管用，受人稱讚的喜悅往往凌駕於看穿馬屁的不滿。此外，即使我們發現對方明顯是在拍馬屁，仍能心想至少對方認爲自己有拍馬屁的價值！（我們也許心想：「她可不是跟誰都會拍馬屁的。」）逢迎諂媚乍看似應該無效，跟其餘策略半斤八兩；但逢迎諂媚其實往往管用，跟其餘策略並不相同。就如小說家米蘭·昆德拉所言：「我們對恭維毫無招架之力！」甚至可以說，我們還未充分善用恭維策略。

撇開恭維不談，其餘實則不太管用的策略又該如何解釋？我想先澄清一點，那就是我們有時並不認爲這些策略管用。即使使用了這類策略，也不代表相信策略有效。我們每個人都曾在離開聚會以後心想：「我又來了！」或者：「我何時可以別再這樣說？」這種有自知之明的情況不在本章的討論範圍之內。此外，如果當事人知道策略有弊（例如遭人疏遠）也有利，權衡以後仍決定採用，這也不屬於本章的探討對象。我們有時爲了達成其他目的，甘願留下不佳印象，例如明知沒人會信仍硬編藉口，只因我們不想提起結果——以及結果代表的意義。

本章探討的其實是爲何始終有人認爲這些策略管用。許多人在離開聚會場所以後，回想剛才採取攀親帶故、自吹自擂或自我設障等策略，自認手段高明，在他人心中留下了好印象——但這時對方正在搖頭埋怨。本章探討的正是這種想法與實際的落差。到底這個現象該如何解釋？

錯誤關連推估導致的長期誤用

只要稍微想一下，就能明白這其實關乎第二章所討論的錯誤關連評估，涉及我們如何評估自身策略與各種人際結果之間的關連。誠如第二章所述，**我們有時難以判斷現象之間的關連，原因是佐證事例往往帶有問題，我們又很難正確衡量**。這是無效策略會顯得管用的一大原因。

佐證事例容易有兩個問題。第一，容易失之偏頗；第二，往往難以取得，甚至無法取得。如同第七章所述，由於一般人不願做出負面反應，有關特定策略是否有效的事例往往失之偏頗。如上所述，如果有人宣稱認識名人、自吹自擂或採取自我設障策略，我們通常是轉頭翻白眼，或跟第三者發牢騷（對方多半跟我們同受其害），但不會直接告知當事人。因此，採取這類無效策略的人始終被蒙在鼓裡，不知道自己所做的其實是徒勞之舉，頂多靠著察覺某些正面效果（例如關係拉近或對話熱絡）並未發生，才有辦法恍然大悟，但要適切衡量並未發生的事情根本是難上加難，結果他只觀察到對方並沒有明顯的負面反應，因此認爲對方相信他提的藉口，相信他確實認識名人，或者相信他捏造的豐功偉業。

我一位朋友的父親人非常好，可惜有一個缺點，那就是老愛講得滔滔不絕，不給別人開口。我朋友長年私下抱怨，卻不忍心告訴他，叫他改掉壞毛病。由於別人也沒跟他提過，所以他繼續一次次講得口若懸河，始終沒有察覺別人的不耐煩。然而，最近出現一次機會。某夜她父親聚餐完回到家，顯得格外神采奕奕，直呼他今天妙語如珠，逗得大家笑聲不斷。她試著插嘴說：「爸，如果讓他們也多講一點，他們也許會更開心。」他抗議道：「我問過好幾次我會不會太多話了，但他們都說：『不會，不會，你繼續講吧。』」由此可見，**要知道別人對自己的眞正看法十分困難**：即使明確的請別人給回應，也只得到虛假的恭維讚美。因此，許多人會相信無效的人際策略實在不足爲奇。

雖然這類虛假回應無疑是錯誤人際策略始終盛行的一大原因，但也點出一個有待回答的重要問題：如果一般人這麼反感自吹自擂等做法，爲何自己偏要明知故犯？既然自己不會當面反彈這類策略，爲何沒想到別人的沉默也是代表反感而非認同？

雪上加霜的是，他們無法準確衡量其他策略。最初認爲某個策略有效，之後只會使用那個策略，因此無從知道採取其他策略的結果，也就無從判斷現有策略是否確實有效。不少族群認爲「吸引異性的最佳辦法就是靠刻意積極表現讓對方留下印象」，他們時常實行這個策略，有時也確實吸引到異性，無論成功機率多低，仍認爲策略有效，而且是憑個人經歷確實證明有效。由於單一失敗無法證明策略無效（畢竟任何策略都無法時時成功），唯一證明現有策略無效的方法就是採取不同策略並互相比較成功機率，但其他策略根本未獲採用，現有策略也就不可能遭到推翻。

此外，自我應驗預言也有推波助瀾之效。心理學家道斯給的例子是有些人相信「世上唯一的成功之道就是採取強硬手段」，他們跟那些相信積極表現可以吸引異性的人一樣，會不斷採取強硬做法，拿偶爾的成功「證明」自己想得沒錯，無從知道採取別種策略會有何效果。此外，由於他們態度咄咄逼人，別人容易心生抗拒，結果他們無意間使自己腹背受敵，成功之道確實只剩下採取強硬手段。

目前提到的例子多半源自資訊偏頗，但有時我們誤信不實策略的原因出在不當評估事例。誠如第三章和第四章所述，**我們往往過度看重正面事例，卻輕忽負面事例，落入偏頗的圈套**。儘管本章討論的策略往往無效，但有時仍能派上用場。我們該問的不是爲何有人不斷採用永遠無效的策略（很少人這樣做），而是爲何他們要採用很少奏效的策略。再荒誕不經的藉口偶爾仍有人相信，再天花亂墜的吹噓偶爾仍有人認同，愛用這類策略的人只抓住一時的成功，就誤以爲策略管用，並時常加以運用。

我們對成功與失敗的衡量標準不一，這也導致我們往往過度看重一時的成功，認爲一次成功就能證明策略有效，但一次失敗並不證明策略無效。事實上，我們常把成功當作策略有效的確實佐證。如果靠積極表現吸引到異性，就認爲方法管用，但如果沒有吸引到異性，則容易認爲問題出在其他方面，例如「她這人個性很冷」，或者「本來就沒有人追得到她」。換言之，**我們通常認爲成功經驗能證明策略有效，至於失敗經驗則只是一時失敗，而非策略失敗。**

這種偏頗解讀源自一個看似正確的邏輯：爲了達到目標，每一個步驟都得做對，要是有一個環節出錯就會導致失敗。因此，失敗結果不代表策略錯誤，而可能是其他環節出錯。另一方面，成功代表所選策略與其餘環節都沒出錯，否則事情不會如此順利。

這個邏輯有兩個漏洞。第一，成功可能源自另一套原因，與個人策略無關。第二，就算失敗可以歸因於某個環節失誤，但不代表那個枝微末節就是失敗的主因。可惜我們往往急於這樣替錯誤找原因。

乍看之下，本章著重的錯誤認知也許不甚嚴重。沒錯，跟損害身體健康相比，損害人際關係確實較不嚴重，但錯誤人際策略的影響程度仍不容輕忽。現代人的一大努力目標是建立理想滿意的人際關係。如今家庭關係疏遠，鄰里日漸淡薄，我們必須靠努力與技巧和他人來往互動，建立情誼。如果有誰想多交朋友卻徒勞無功，想增進情誼卻事與願違，本章討論的不實認知確實十分重要。

第九章

對超感官知覺的不實認知

兩位老婦在卡茲奇山區度假，其中一位說：「唉，這地方的食物有夠難吃。」另外一位答腔道：「對啊，而且分量好少。」

——伍迪・艾倫的《安妮霍爾》

一九四〇年代中期，醫界發展門腔靜脈分流術治療食道出血，後來更廣泛運用至各種腸道疾病，許多醫院紛紛投入研究這種手術的成效。手術問世二十年以後，學界決定調查所有研究報告。

調查結果請見下頁表9.1。各個研究報告依照兩點分類：一爲研究品質（亦即實驗控制的完善程度），二爲研究人員對結果的振奮程度。表9.1清楚顯示研究人員對結果的振奮程度與研究品質呈現負相關，「毫無控制」與「低度控制」研究的人員

表9.1

門腔靜脈分流術研究的實驗控制完善度與研究人員振奮度

	振奮程度			
實驗控制完善度	高度	中度	低度	總計
毫無控制	24	7	1	32
低度控制	10	3	2	15
妥善控制	0	1	3	4
總計	34	11	6	51

妥善控制

研究的病患是隨機分配為實驗組與控制組。

低度控制

研究的實驗組病患經過特別挑選，控制組病患則未經挑選。

毫無控制

研究沒有控制組。

對這項技術的功效大感振奮，「妥善控制」研究的人員則毫無雀躍之情。

這項調查包含許多重要啓示。首先，這個領域（及許多其他領域）的研究品質甚差。總共五十四個實驗中，僅四組採取必要的隨機分組。雖然日後研究品質確實提升，但劣等研究依然存在。第二，如同先前所述，研究結論與研究品質密切相關，劣等研究容易害我們對眞實存在的現象視而不見，卻把並不存在的現象無中生有。最後，也是跟本章有關係的一個啓示在於，**劣等研究再多也毫無用處，依然無法準確反映實際狀況**。統計學者總說，樣本數再大也無法彌補取樣偏誤的影響。

有些人很難接受最後一點，總覺得只要做出夠多實驗，謬誤會互相抵消，「事實」會漸漸明朗。一般人往往像伍迪．艾倫電影裡的那兩位老婦，認爲量多可以彌補質低，這在有些方面確實沒錯，但如同門腔靜脈分流術研究所示，實證研究並不包括在內。

有些人或許會說完美無缺的實驗相當罕見，科學家多半光憑漏洞百出的實驗就提出結論。然而，重點在於科學家要這樣做有個前提，那就是各個實驗漏洞必須進行變換，互相抵消，後來的實驗應經過特別設計，用來解決先前實驗的問題，而這個過程往往會產生新的缺失，有待繼續加以克服。這些門腔靜脈分流術研究卻非如此，每組研究的缺失一模一樣，都是沒有隨機分配病患組別。

記取這一點，有助了解爲何許多人相信超感官知覺的存在。有些人會說超感官知覺確實存在的最重要理由十分單純，那就是明確佐證處處可見，充斥生活周遭。我們平時經常碰到超感官知覺的例子，例如朋友說他們的預感確實應驗，我們自己經歷驚人巧合，新聞報導更提供明顯例證：「史丹佛」研究人員以嚴謹實驗證實知名靈媒蓋勒確實具有特異功能（注：這個實驗其實充滿漏洞，而且實驗單位「史丹佛研究院」並不隸屬於史丹佛大學）。蘇聯報導指稱蘇聯在超自然諜報戰勝過美國，靈媒常預測未來並協助警方辦案，名人大談預知夢與「前世今生」，各種例子不勝枚舉。然而，這些所謂的明顯佐證儘管四處流傳，但其實根本無法確實證明超感官知覺的存在。

多數例子或屬捏造或有漏洞，卻充斥四處。有些人對這些例子照單全收，認爲超感官知覺確實存在。有些人半信半疑，隱約覺得部分例子不符科學，但仍認爲「應該確實有什麼存在吧」。難道我們不能認爲「有煙就代表有火」嗎？門腔靜脈分流術研究清楚指出：當然不能。然而，很多人確實容易落入這種判斷，一般民眾如此，學者專家亦然。比方說，史丹佛大學教授提勒

（William Tiller）認爲即使超感官知覺實驗站不太住腳，仍應嚴肅看待，因爲這類實驗多不勝數。超心理學家貝洛夫（John Beloff）也說：

我不打算宣稱上述實驗做得十全十美……或是不容置疑……此外，除非這些實驗具備高得多的可重複性，否則外界仍可質疑實驗結果是源於一位或多位實驗人員的粗心紕漏，或源於他們有意無意的捏造作假。可是，我個人認爲這些實驗讓我們看見各種驚人心靈現象的眞實樣貌。

食物確實難吃，但反正分量大就好！上述例子清楚顯示，一般人認爲超感官知覺確實存在，一大原因純粹在於相關明顯佐證俯拾皆是——既來自日常生活，也來自科學實驗。然而，這些佐證到底有何內容？

超感官知覺的反面案例

把有關超感官知覺的認知視爲不實認知是否公允？有些讀者或許認爲我失之武斷。超感官知覺是否確實如我暗示的這般令人置疑？爲了回答這個問題，我必須概略分析超感官知覺的實驗佐證（注：我無意在此全面檢視超感官知覺的相關實驗，而是概略舉出這個領域最著名且廣獲引述的幾項研究，討論其中牽涉的漏洞）。然而在此之前，我們首先得明確定義何謂超感官知覺。研究超感官知覺的學者稱爲超心理學家（parapsychologist），他們對超感官知覺的定義是「不透過感官接觸而對特定物體、狀態、事件或力量有所感應或反應」。他們認爲各種不同的超感官知覺確實存在，心電感應是指想法在不同人之間直接傳輸，透視是指感應或「看見」視線範圍以外的事件或物體，預知是指預先感應未來事件。另外，念力是指不靠已知的實際接觸方式而移動、改變或影響特定物體，由於也牽涉遠距影響，外界通常歸類爲超感官知覺，但畢竟不涉及任何「知覺」，超心理學家現在通常歸類爲更廣泛的「超常」（Psi）現象。

探討這些現象是否存在的最佳做法是先檢視相關人士的說法。美國國家研究委員會一支科學小組曾研究這門領域，最後結論是：「雖然一百三十年間有許多相關科學研究，但本委員會並未發現任何科學事證足以證實超感官知覺、心電感應或『藉心靈控制物質』現象……大量相關研究皆無法證明此類現象存在。」心理學家海曼（Ray Hyman）長期研究超自然現象，同樣指出：「超常現象目前尚無確切科學根據。」許多人起初對超常現象深信不疑，最後卻提出類似結論。超心理學家庫皮尼（Stanley Krippner）起先堅信超常現象，熱衷於提倡超心理學，後來卻表示：「自從生理學家里歇（Charles Richet）在將近一百年前把統計方式運用於心理學研究，尚無任何超心理學實驗具備可重複性，可供不同研究人員做出相同的實驗結果。此外，目前還沒有人發現超常現象的背後機制……最後，目前尚無實驗可以證實超感官知覺與念力的存在。」

上述說法很難說是什麼響亮有力的支持論點。某程度而言，這種沮喪失望的戲碼在過去一百三十年反覆上演。首先，擁護者與反對者各自亮出立場，擁護者舉出日常生活裡各種不可思議的現象，反對者指出超常現象從本質來看就不可信（比方說，超常現象違反許多物理定律，像是平方反比定律與熱力學第二定律）。雙方各執一詞之際，超心理學家興致勃勃的進行實驗，得到乍看可靠的「鐵證」，讓反對者當初的說法顯得站不住腳，甚至無足輕重，支持的一方自認占了上風，開始批評反對者心胸狹隘，簡直如同中世紀的神職人員，不肯湊上伽利略的望遠鏡，還迫害其他相信日心說的人，簡直是在科學界裡搞「小團體」，阻礙別人對世界與人類提出前所未見的嶄新見解。

然而，擁護者得意不了多久。等外界審慎檢驗他們提出的證據以後，一個個證據明顯變得不再可靠，要不純屬假造，要不漏洞百出，鐵證淪爲笑柄。接下來，我會檢視過去一百三十年間的幾項超心理學研究。

超常現象研究先驅：賴恩實驗

一般公認賴恩（J. B. Rhine）是以科學實驗探討超常現象的先驅。在他之前，相關研究是由英國超自然研究協會與美國超自然研究協會主導，重點擺在調查一般人經歷到的超常現象，還有研究那些宣稱能與鬼魂對話的靈媒（值得注意的是，二十世紀初期大多是稱爲靈媒，現在則換成「通靈人」）。

一九三〇年代，賴恩在杜克大學超自然實驗室設計出一套實驗方法，準備一組有五種圖案的牌（分別爲圓圈、叉號、矩形、星形與波浪），正面朝下，請受試者說出正面是哪一種圖案，再檢視猜對次數是否勝過隨機亂猜。這套實驗方法可以測驗心電感應（「發訊者」翻看正面，「感應者」設法感應）、透視（正面朝下，無人看過），還有預知能力（受試者先依序猜測圖案，然後再把牌翻開）。

賴恩在一九三四年發表多年以來的實驗結果，包含眾多受試者將近十萬次的猜牌結果，結論是他根據可靠的證據證明了超感官知覺確實存在：綜合所有數據，在一疊二十五張牌中，受試者平均猜對七．一張，而平均概率應爲五張，雖然提高程度並不顯著（每疊牌只多猜對兩張），但實驗樣本相當龐大，要憑正常機率出現這個結果的可能性趨近於零。

賴恩的實驗結果旋即引起大眾與學界的關注。由於實驗方式看似客觀可靠，符合科學研究規範，反對陣營一時之間不知如何回應，超感官知覺受試者的表現似乎確實無法憑機率解釋。然而，等實驗流程公諸於世，整套數據卻變得黯淡無光，外界多半認爲這個驚人數據源自實驗漏洞而非超感官知覺。比方說，有些受試者獲准翻牌或摸牌，這樣就得以搞鬼。表現最佳的受試者名叫皮爾斯，他的猜對機率特別高——前提是賴恩並不在場監看。在容易作弊時猜對率提高，在難以作弊時猜對率降低，這在反對者看來十分可疑，擁護者則歸咎於「實驗者」效應或「羞怯」效應，認爲如果其他在場人士抱持懷疑態度，超常能力就會消失，畢竟特異功能人士就像有個性的搖滾明星那樣，往往只要感覺不對就無法正常表現。

賴恩的實驗還有另外一個問題，那就是紙牌本身並非完全一模一樣，有些紙牌的角落可能微微翹起，背面有汙點，設計有漏洞，甚至在特殊光照下可以看到正面的圖案，受試者於是有機可乘。

另一個漏洞在於普通的洗牌方式不見得能使紙牌呈現隨機排列。這樣一來，整套實驗最核心的統計分析變得毫無意義：在正常機率下不可能出現的猜對比例，其實來自受試者發現紙牌順序的某種規律。其他研究人員拿跟賴恩實驗同樣的兩副牌，經過洗牌以後，互相比較結果，結果原本理應屬於「隨機」排列的兩副牌，卻時常出現正常機率下不會出現的吻合程度！還有研究人員檢視一般出版品上的隨機數字，也發現其實並非隨機排列。其他模擬實驗紛紛做出超心理學界常見的各種掃興結果，包括超常失效（猜對次數明顯低於正常機率），還有衰減效應（最初出現驚人表現，但隨著實驗次數增加，漸漸不再出現任何驚人結果）。

如果實驗嚴謹時猜對機率偏高，實驗鬆散時猜對機率一般，賴恩的數據是否還値得看重？如果光是把看似隨機的排列互相比對，不讓人為因素有介入空間，就能得到超出一般機率的驚人猜對比例，賴恩的數據是否還能證明超常現象的存在？總之，由於上述漏洞與其他疑點，如今超心理學界已很少引述賴恩實驗，不再認為這是證明超常現象的絕佳數據。

梭爾戈德尼實驗

賴恩實驗備受質疑之際，輪到英國數學家梭爾（G. S. Soal）與他的搭擋戈德尼（K. M. Goldney）上場，他們設法以實驗清楚證明超常現象的存在。兩位學者做出一系列類似實驗，實驗步驟如下：實驗者跟「操作者」坐在一間房間，「感應者」坐在另外一間房間，實驗者按照手中一串包含「一」到「五」的隨機排列數字，每次拿起一張數字板，給隔板另一邊的操作者看，然後操作者也拿起相同的數字板，集中精神想著板上的數字，設法「傳送」給感應者，感應者則寫下接收到的數字，等實驗結束後再跟實驗者手中的那串數字互相比對。

梭爾戈德尼實驗比賴恩實驗嚴謹許多，而且會請不相干的觀眾進入兩個房間作證，審慎確保操作者與感應者並不知道數字的順序，並預先詳細檢驗數字列表是否確實屬於隨機排列，每次實驗的結果都以副本送交劍橋大學哲學教授波洛德（C. D. Broad）。

梭爾從一九三五年開始展開爲期四年的實驗，總共請一百六十位受試者做出十一萬八千次實驗，實驗結果相當令人失望：毫無證據顯示心電感應的存在。消息一出，超心理學界大感喪氣。

然而不久之後，一位同事建議他檢查是否有「移位」效應。也許有些受試者猜得很準，但不是正巧猜對那一張，而是猜中前一張或後一張，反映出預知能力。梭爾最初認爲這個建議不符嚴謹科學，感到意興闌珊，但最後終究勉強接受建議，並赫然發現沙克爾頓與史都華兩位受試者展現出明顯的移位效應。

梭爾知道這種事後分析並不可靠，決定替兩人重做實驗。沙克爾頓在一九四一年至一九四三年接受四百場測試，做出一萬一千次猜測，跟先前一樣，他猜的數字吻合目標數字的機率並不高，吻合下一個數字的機率卻很高，共計猜中二千八百九十次，至於一般機率應爲二千三百〇八次，他猜中次數的出現機率只有1的三十五次方分之一。史都華也額外接受一百三十場測試，做出三萬七千次猜測，結果跟沙克爾頓及她自己先前的表現截然不同，這一回她準確猜中目標數字，而不是猜中前一個或後一個數字，猜對次數爲九千四百一十次，至於一般機率應爲七千四百二十次，她這種猜中次數的出現機率只有十的七十九次方分之一。

一如預料，這些數據立刻成爲證明超常現象的鐵證：數據驚人，實驗嚴謹，實驗者的人格操守也無可置疑（否則他先前不會公布令人失望的實驗結果）。超心理學家麥康諾（R. A. McConnell）說：「如果學界細讀這份報告，有關超感官知覺的爭論會就此收場。」超心理學家卡林頓（Whately Carington）也說：「如果我只能選出唯一一篇研究，拿來證明超自然知覺的存在，或拿來說服冥頑不靈的反對者（如果這樣講不矛盾的話），我會不假思索的選上這項研究，這是據我所知的最佳鐵證，成果數據也最爲驚人。」

梭爾戈德尼實驗在接下來二十年成爲超自然知覺的重要鐵證，反對陣營頂多懷疑梭爾也許有造假。然而，後來漸漸有人明確質疑這項實驗，如今各界已認爲梭爾確實捏造數據。

事情始於亞伯特（Gretl Albert）的密告。亞伯特參與過多場對沙克爾頓的測試，擔任操作者的角色，她向戈德尼的妻子透露說，自己看到梭爾在其中一場測試期間竄改數字。戈德尼的妻子立刻檢視當年的資料，但一無所獲，她再請其他同仁一起檢查，結果仍然不變。之後她當面詢問梭爾，他聞言大怒，堅持日後再也不請亞伯特參與實驗，並說服戈德尼的妻子不要在研究報告中提及亞伯特的指控。直到超過十五年以後，心理學家史考特（Christopher Scott）要求梭爾公開承認亞伯特說得沒錯，否則他會代替梭爾把事情公諸於世，他這才對外坦承。此外，梭爾表示他在一九四六年弄丟數據的原始資料，目前只找得到副本，外界聞言更感懷疑。

這件事本身不足爲奇。研究人員確實偶爾會修改數據，亞伯特的指控或許只反映出他行事過分挑剔，才會無意間美化資料。然而，更加不利的證據最終出現。當年梭爾爲了證明實驗的嚴謹程度，曾詳盡公開隨機數字列表的產生方式，但經過電腦分析之後，那些數字列表顯然經過梭爾的篡改，或者不是出自他所描述的產生方式。如果他確實竄改過資料，最可能的做法是依照感應者的猜測竄改數字列表。後來亞伯特針對當年起疑的原因，提出進一步的說法，更加深外界對梭爾的懷疑。她說當年自己看見梭爾把數字列表上面的好幾個「一」改成「四」或「五」。外界根據這個證詞分析所有資料，得到兩個發現：第一，數字列表上的數字是「四」或「五」時，猜對機率特別高；第二，受試者猜出「四」或「五」時，數字列表上出現「一」的機率特別低。由此看來，梭爾一開始用的數字列表應包含較多「一」，之後他再把其中一部分改成「四」或「五」，藉此提高受試者的猜對機率。

接下來出現最有力的證據。研究人員拿出梭爾的數字列表，跟他宣稱用來產生數列的表格互相比對，結果跟先前的電腦分析如出一轍，兩者並不完全吻合，但有許多相似之處：實際數列與表格數列只有少數差異，「似乎其中一組數列有額外插進新數字（或另一組數列有刪掉數字）。」一如預期，多出來的幾乎都是受試者猜對的數字。

這個發現一經提出，形同鐵證如山，梭爾戈德尼實驗原本是證明超常現象的最有力證據，卻從此淪爲超心理學領域的一大笑柄。

遙視實驗

從梭爾戈德尼實驗問世以來，超心理學領域還出現其他刻意揑造的實驗結果，其中最著名的就是萊維（Walter Levy）鬧出的醜聞。萊維是賴恩的第一助手與後繼者，有同仁發現他竄改實驗結果的電腦檔案。另外，在這一段期間，也有其他專家提出看似證實超常現象的可靠實驗結果，例如史丹佛研究院的「遙視」實驗曾引起短暫關注。

設計出遙視實驗的是兩位物理學家，分別爲帕特霍夫（Harold Puthoff）與塔格（Russell Targ）。帕特霍夫他們預先選好少數幾個鄰近的合適地點並隨機排列順序，在實驗開始以後，感應者坐在實驗室裡，由另外一位試驗者前往第一個鄰近地點，仔細環顧周遭環境，設法把印象傳回給感應者，感應者則在預定時間記下所「接收」的印象，可以用圖畫表達，可以用文字描述，也可以圖文並用。這個過程重複數日，直到試驗者去過所有地點。

接下來，帕特霍夫他們要求一組判斷者拿感應者的圖畫或文字敘述（兩者之後皆簡稱爲「副本」），前往每個地點觀察，最後判斷各個副本所對應的實際地點。他們的對應正確度會高於正常機率嗎？

結果帕特霍夫與塔格提出的紀錄相當亮眼，堪稱超心理學領域裡極令人驚豔的實驗結果。有些試驗者特別有天分，判斷者幾乎完全正確對應出副本與地點。此外，帕特霍夫與塔格宣稱他們測試的幾乎每個人都展現出超常能力。換言之，不只是靈媒蓋勒等少數人具有超常能力，而是男女老少個個都行。最後，這項實驗是發表於知名科學期刊《自然》，而不是超心理學界的刊物，有些人因此更加相信實驗結果。

然而，這項實驗是否經得起審慎檢驗？紐西蘭心理學家馬柯斯（David Marks）與克曼（Richard Kammann）深入研究這項實驗以後，認爲這項實驗跟先前其他實驗一樣經不起檢驗。問題出在判斷者拿到的副本本身。副本上的多數內容確實是感應者想努力呈現的印象，但也包含許多有助判斷者對照出正確地點的無關內容，尤其時常提及先前走訪的日期、時間與地點，有助判斷者排出正確順序，例如有一句話是「我在你昨天到戶外時，盡力感應了你所去的地點」，判斷者從這句話能得到以下資訊：第一，正確地點不是自然保護區；第二，正確地點不是試驗者第一天去的地方；第三，正確地點是試驗者在走訪自然保護區的隔天去的。判斷者光是知道正確地點不是自然保護區，判斷難度即顯著降低，至於其他額外資訊只有在判斷者知道地點順序的情況下才有幫助，但教人驚訝的是，塔格帕特霍夫實驗的判斷者有拿到地點順序清單！

爲了確認額外線索是否能導致驚人的判斷準確度，馬柯斯與克曼做了一個他們稱爲「遙判」（remote judging）的對照實驗。在遙判實驗中，判斷者拿到的副本只有額外線索，沒有感應者的圖文敘述，然後他們在沒有造訪任何地點的情況下，光憑地點順序清單判斷各個地點是對應哪一份副本，結果他們的判斷準確度跟塔格帕特霍夫實驗的判斷者相同！馬柯斯與克曼再做另外一個實驗，修掉塔格帕特霍夫實驗包含的額外線索，請一組判斷者做判斷，判斷結果變得亂七八糟。

追求可重複性

從以前到現在，新心理學領域的劣等研究層出不窮，或是故意造假，或是漏洞百出，上述實驗相較之下簡直是小巫見大巫。另一方面，也有些實驗較無明顯漏洞疏失，亦無明顯揑造跡象。但無論如何，上述早期實驗仍十分重要，有助提醒我們一點：**沒有任何單一實驗，或者任何單一實驗室的一系列實驗，可以當作鐵證**。任何研究人員只要宣稱自己發現某個現象，都必須詳述實驗過程，其他研究人員才可以遵循類似步驟自行重做實驗。這種可重複性適用於任何科學領域。不過，如果硬要說某些領域應特別著重可重複性，就該是超心理學這種造假事件屢見不鮮的領域。

說到底，這個領域的研究人員要想證明超常現象的存在，各項實驗缺乏可重複性正是最大問題。有些實驗顯然只有擁護陣營會接受，反對陣營與中立學者都難以苟同，現今超心理學家認爲最能證明超常現象存在的二大實驗典範就是如此，包括超心理學家荷諾頓（Charles Honorton）的「全域」（ganzfeld）

實驗，還有休士頓超心理學家施密特（Helmut Schmidt）及普林斯頓超心理學家亞恩（Robert Jahn）的念力實驗。

在典型的全域實驗中，感應者的感官能力被適度剝奪，以剖成一半的乒乓球遮住雙眼，並戴著播放白噪音的耳機，然後設法感應發送者從另外一個房間「傳送」過來的影像。在典型的念力實驗中，一部機器會隨機選擇讓四顆燈泡的其中一顆發亮，受試者必須靠意念影響亮燈結果。如同先前所述，許多研究人員認為這些是超心理學領域最有前景的兩種實驗，但反對陣營並不信服，舉出許多實驗過程或統計上的可能漏洞。這些實驗從表面看來都不如賴恩、梭爾或帕特霍夫與塔格的實驗來得有力，而且也不具備可重複性，這是目前最大的問題。

許多超心理學家自己也承認缺乏可重複性是一大問題，以下段落引述自超心理學界的四位學者：

威斯特（D. J. West）：

（超感官知覺實驗）基於許多原因，缺乏一般科學實驗的說服力，其中最大的原因在於超感官知覺實驗都只是單純展示結果，而不是可供重做的實驗……這樣一來，即使做得再好都沒用，終究比不上可以讓別人照著重複操作的實驗。

貝洛夫：

賴恩的實驗原本足以讓超心理學成爲受外界認可的實驗科學，可惜缺乏一個關鍵要點，那就是沒有詳細列出該如何重做實驗的具體步驟。缺少這一個要件，就永遠不是眞正的科學。

帕克（Adrian Parker）：

超心理學界當前最大的危機就是簡直沒有任何實驗可供他人比照操作。

柴爾德（Irving Child）：

超常現象的相關實驗有個問題，那就是無法供其他研究人員重做。

超感官知覺實驗因而難以證明超常現象的存在，但也不「證明」超常現象並不存在，只是一百三十年來的實驗證明皆是以失敗收場。然而，檢視完相關實驗以後，可以明顯發現超常現象目前仍模糊難解，並涉及一個重要問題，也就是本章的重點：爲何許多人依然相信超常現象確實存在。

相信超感官知覺的人口比例

超感官知覺無論是否存在，都至少有一個特點，那就是相當引人矚目。現有證據顯示超感官知覺並不存在，但如果哪一天證實存在的話，科學界與日常生活會面臨天翻地覆的改變，超越科幻小說各種天馬行空的想像。另一方面，如果現有認知正確，超感官知覺確實只是幻想，我們不禁想問爲何許多人相信超感官知覺確實存在，爲何這個認知如此流傳甚廣？

許多單位針對這個主題做過調查，儘管數據不盡相同，但都顯示很高比例的人口相信超自然現象，其中最驚人的當屬加拿大大學學生所做的一項調查，他們八〇％的受訪對象相信有超常現象，美國的全國性調查則指出大約五〇％的美國人持相信立場，大專以上程度受訪者的相信比例爲六七％。最有意思的調查結果也許是高達三分之二的美國人自認經歷過超自然現象。儘管缺乏客觀可靠的實證，仍有許多人顯然相信超感官知覺的存在，原因到底爲何？

相信的原因

回到本章開頭的說法，許多人相信超感官知覺確實存在的最大原因在於明顯佐證充斥於日常周遭，儘管這些佐證不盡可靠。靈媒協助警方偵破凶殺案，阿波羅號的太空人從外太空成功驗證心電感應，美國國防部耗費數百萬美元試圖縮短美蘇之間的超自然戰力差距。

在這種環境下，我們眞能期望大眾抱持審愼懷疑態度？即使設法讓懷疑論調同時呈現，一併報導，許多人想必仍會犯下「有煙就代表有火」的謬誤，認爲「應該確實有什麼存在吧」。然而，這種平衡報導根本不太會出現。超感官知覺實驗與超自然現象在媒體眼中具有報導價値，足以占據許多新聞版面，至於懷疑論點根本算不上是「新聞」。

魔術師藍迪探討過杜克大學學生弗萊德一次廣獲報導的驚人「預測」。當年弗萊德把一封預知信存放在杜克大學校長的辦公室，信中預言一件即將發生的重大事件，一星期以後，眾人打開那封信，發然發現信上成功預言那星期的一件大事：奪走五百八十三條人命的波音七四七墜毀慘劇。弗萊德在後續訪談時明白表示自己是一位魔術師，那封預言信純屬魔術花招，跟超常現象完全無關。然而，藍迪找到的十七則相關報導當中，只有一則提及弗萊德的澄清說法！

有關超自然現象的聳動報導容易引起注意，可以刺激銷售量，吸引廣告商，至於分析批判則達不到這種效果。時間生活出版公司過去數年主打一系列「寰宇搜奇」叢書，邀請讀者一起「探索不可思議的詭異怪事，一窺人類耗費數百年仍無法解開的神祕謎團」。然而，書裡大部分的怪事早已獲得充分解釋，根本不是什麼謎團，包括百慕達三角洲、失落的亞特蘭提斯與都靈的耶穌裹屍布都是如此，但未解的謎團才有賣點，因此各種解釋往往遭淡化處理，甚至根本省略不提。一般讀者不知道其實根本沒有什麼尚待解釋的百慕達「謎團」，只受銷售廣告與時間生活出版公司這塊招牌吸引，最後認爲超自然現象層出不窮，可見必然存在。

媒體與書商有時公然壓下懷疑論調，例如許多出版社拒絕出版《靈媒的心理》這本精采好書，只因書裡大力駁斥遙視等實驗，戳破「超級靈媒」蓋勒的各種說法。作者說出版社最常給的拒絕理由是「他們已經準備出版另外一本支持超感官知覺的書，而我們的書跟採『支持』立場的書不適合擺在一起出版」。

一般民眾受到這種偏頗處理的影響，多半是更常接觸到支持超自然現象的資訊，而不是反對的資訊。你可以靠一個簡單實驗證明這一點：下次放假的時候，到地方上的書店走一趟（但不要是大學城裡的書店），找一找科學叢書區，你往往會發現那一區簡直小得可笑，比科幻小說區來得小，比超自然現象區來得小，幾乎比任何其他書區都小。一般民眾面對這種狀況，難怪往往相信超感官知覺確實存在。

想相信的念頭

有些讀者也許不認同我把媒體與出版社的偏頗做法當成罪魁禍首，認為這種說法本末倒置，畢竟媒體與出版社只是想刺激銷量，迎合閱聽大眾的認知喜好，如果閱聽大眾原先並不相信超自然現象，也不願相信，那麼強調超自然現象的做法根本不會見效。大眾廣泛相信超自然現象的根本原因，不正是這個想相信的念頭嗎？

這個講法有道理。就超感官知覺而言，媒體做法與大眾認知確實互為因果，正是因爲大眾原先就相信超感官知覺，或是本打算相信，超感官知覺才有報導價值，而相關報導也回過頭加深大眾的認知。許多人認爲既然媒體會報導超自然現象，就證明這些現象確實存在，畢竟「媒體不會做不實報導」。

這個「想相信的念頭」從何而來並不難理解。對許多人而言，**相信超感官知覺會比較舒服開心，重點在於這個認知開啓一個我們所知有限的玄奧世界，帶來許多美好的可能性**，例如也許我們的一部分能超脫死亡的宿命。知名的超心理學家塔特（Charles Tart）直言：「我偶然解決了自己個人（及我們文化）在科學與宗教之間面臨的衝突。超心理學所證實的基本現象能解釋人類對宇宙的部分靈性觀點。」很少人不渴望超脫生死等自然限制，只要有證據指出超自然現象可能存在，我們往往樂於接受。

超感官知覺另一個吸引人之處在於我們希望自己擁有未開發的潛能。也許我們可以預測未來，可以靠心電感應跟別人迅速溝通，靠念力有效控制身體健康，許多事情原本得耗盡九牛二虎之力，但往後光靠特殊能力就可以輕鬆完成。願「原力」與我們同在。值得注意的是，許多人往往會利用這個心理，強調超常現象源自人人皆有的未開發潛能，藉此讓更多大眾接受超自然現象與超心理學研究，例如帕特霍夫與塔格談到他們的遙視實驗時表示：

根據我們的實驗結果，只要你相信超自然能力，就可以擁有超自然能力……參與我們實驗的每一個人都有辦法感應到景象，包括建築、馬路與路人，即使相隔很遠或被擋住也不受影響……目前我們還沒發現有任何受試者無法好好成功完成遙視任務。

雖然迷人的可能性使許多人很想相信超感官知覺，但影響程度也許不如一般所想的那麼明顯或直接，畢竟想相信的幾乎是所有人，實際相信的卻只占總人口的一半至三分之二。更重要的是，許多時候即使我們很想相信某件事，卻無法不顧實際狀況。舉我自己爲例，有時候（例如論文寫不出來時）我很想相信自己大可稍事休息，前往波士頓賽爾蒂克隊的季後賽現場，坐在觀眾席靠念力讓他們多得可貴的幾分（「讓我們幹掉湖人隊吧！」）然而，跟絕大多數人一樣，我無法這麼異想天開。誠如第四章所述，我們無法隨心所欲的想信就信，個人偏好往往只影響到我們評估例證的方式。光憑很想相信還不夠，背後還得有其他因素——在這個例子裡，還缺正面佐證。

如果我們完全了解大眾想相信超感官知覺的原因，就得從他處尋找支持這個偏好的佐證，探討大眾如何解讀日常經驗，這些經驗又是如何看似證明超感官知覺的存在。

日常經驗的佐證

多項調查報告指出，一般人認爲實際經驗是他們相信超自然現象確實存在的重要原因。根據一項針對大學生的加拿大調查，相信超自然現象的受訪者裡有四一%是把「個人或親友有實際經歷」列爲最重要因素。根據英國期刊《新科學人》的另一項讀者調查，把這項列爲最重要項目的比例則是五一%。在超心理學協會的一項會員調查裡，比例更高達七一%。

由此可見，個人經歷確實是重要因素。然而，一般人是擁有何種個人經驗，又是如何把這些經驗（錯誤）解讀爲超常現象的正面佐證？

日常念力

由於賭博或桌遊廣泛運用骰子等隨機裝置，我認爲很多人都曾設法影響這類裝置，而這就是最常見的（也往往是最早經歷到的）顯著正面佐證。幾乎人人玩過大富翁遊戲，而且有誰沒試過憑「意志力」讓骰子出現所需點數，以免走進連蓋兩棟房子的格子裡？有時所需點數當然會順利出現，這時解讀方式就很重要：是否有理由讓人相信這不是機率造成的結果，而是超自然力量的展現？

首先，由於我們認爲超自然力量十分神祕，因此可能會採不同方式解讀正面結果與反面結果。如果我們成功擲出所需的點數，也許會歸功於超自然力量，但如果並未擲出所需點數，則也許認爲只是一時無法發揮力量。這種做法類似於古代靠探測棒找地下水的尋水人，他們往往只計算成功找到水源的次數：「如果我沒有找到水源，顯然就是力量並未好好發揮，所以不必納入計算，畢竟我該算的是好好預測的次數，而不是純屬亂猜的次數。」

此外，正面、六點或人頭牌（指撲克牌的J、Q和K）連續出現的機率其實超乎想像。如同第一章所述，一般人往往低估相同結果連續出現的機率，因而誤以為自己目睹到神奇力量的作用。

日常巧合

驚人巧合也會讓人聯想到神奇力量。兩個多年不見的朋友碰巧在國外小鎮的戲院裡比鄰而坐。某個男子按錯電話號碼，撥到很遠的城市，結果接起電話的對方竟然是他的大學室友。某位女子想起塵封已久的往事，想跟丈夫討論，沒想到丈夫竟然先開口提起同一件事。這類事件顯得不可思議，往往讓人大吃一驚，認為絕不可能是出於巧合。

然而，到底有多不可思議？其實，許多巧合看似難以置信，實則稀鬆平常。許多統計課程會討論的「生日問題」就屬佳例。多數人往往低估一群人裡至少有兩個人在同一天生日的機率：當一個團體只有二十三個人時，這個機率就大約是五〇％，而當一個團體才不過三十五人時，機率即高達八五％——許多人聽到這兩個機率都相當驚訝。由此可見，有些事情明明不稀奇（例如有兩人在同一天生日），卻令許多人大感意外。

對懷疑論者而言，只要從機率角度正確解讀，許多看似不尋常的巧合其實並不稀奇，如同亞里斯多德所言：「看似古怪異常，實則無比尋常。」然而，許多巧合跟生日問題不同，發生機率難以估計，時常遭到誤判，諾貝爾物理獎得主阿爾瓦雷茨（Luis Alvarez）的一段親身經歷就屬明顯例子。某日他讀完報紙上的一小段報導，腦中聯想翩翩，最後聯想到一位久未思及的大學老友，但等他把報紙翻到另一面時，那位老友的訃聞赫然映入眼簾！

阿爾瓦雷茨有沒有可能是從某種超感官途徑得知故友的死訊？或者預知到那篇訃聞的出現？然而，他並不相信超自然現象，決定概略計算這個巧合的發生機率，方法是估算一般人所認識的友人數目，還有想起友人的頻率；得出略偏保守的合理估計值以後，可推算出在想起友人約五分鐘後看見其訃聞的機率約爲十萬分之三（每年），依照美國的總人口計算，每年在美國會發生超過三千起這種巧合，亦即每天將近十起。

雖然阿爾瓦雷茨的估算不見得非常準確，但跟生日問題異曲同工，反映出許多巧合其實不如表面上來得稀奇。**我們的直覺估算並不正確，背後有二個原因：第一，並未意識到我們時常接觸大量事件；第二，沒考量到我們能把多少不同事件視爲巧合。**

我們經歷到的事物多不勝數，腦海中有千頭萬緒，生活中有無數交際，因此一輩子總會碰到許多巧合。如同生物學家古爾德所言：「時間讓事情從不可能會發生，變成必然會發生——給我一百萬年的時間擲硬幣，我會不只一次連續擲出一百個正面。」一般人並未意識到自己有許多碰到巧合的機會。也許人類會有這個直覺缺陷的關鍵在於，各個事件跟擲骰子不同，不是以相同形式出現，因而易遭忽略。我們有時是想到某人，有時是遇見某人，有時則是接到某人的電話，各個事件彼此不同，掩蓋掉各種結果反覆出現的事實。此外，巧合能激起驚訝興奮等情緒，導致我們不願認爲特定經驗其實不足爲奇，背後還有大量並未成爲巧合的可能結果。

我們對巧合的直覺判斷確實面臨第三章討論到的「多重事例」問題。也許特定巧合的發生機率確實極低，但在各種巧合裡任意發生某一種巧合的機率則高出許多。假設某位業餘演員到倫敦看戲，巧遇他的高中戲劇老師，這確實是個驚人巧合，但如果他是巧遇高中時的對戲搭檔不也十分巧合？或是碰到他的替角？或者也許地點不是在倫敦，而是在雅典、巴黎或羅馬？或者巧遇的地點不是劇場，而是歌劇院、博物館或酒吧？

只要這樣稍微抽離，就能立刻明白雖然個別巧合的發生機率確實很低，但所有巧合裡發生其中一種的機率並不算低。換言之，我們碰到巧合時會大吃一驚，背後原因在於我們的直覺判斷往往關注於確實發生的那件巧合，並未想到還有許多也可能發生的類似巧合。生日問題就是如此，許多人能準確評估出特定兩個人在同一天生日的機率相當低（大約僅三百六十五分之一），卻沒能想到在二十三個人的團體裡總共有多少組配對（共有二百五十三組）。

最後，一般人之所以會覺得巧合事件背後有一隻看不見的手在操控，還有一個原因出在心裡湧起的激動反應。由於一般認爲「大」事件源於「大」起因（見第一章），許多人認爲光憑機率無法解釋驚人巧合。

日常預知

預知跟驚人巧合一樣常讓人聯想到超自然現象。事實上，預知堪稱一種特殊的巧合：內在想法與外在事件之間的巧合。某人夢見墜機事件，然後從晚間新聞得知確實有班機墜毀。某人想起某位舊識，結果對方突然造訪。

預知跟巧合引起注意的原因相同：兩者都看似不太可能發生。然而，我們腦中常有千頭萬緒，一輩子碰到幾次預感成眞其實不足爲奇。比方說，死亡是相當常見的夢境內容，即使在現實世界中應驗也實屬平常，算不上是多難得的預知夢。這讓人想起經濟學家薩繆爾森（Paul Samuelson）的挖苦：「回顧最近五次的經濟衰退，股票市場準確預測到了九次。」

預知也屬於第三章提到的「單面」事件，我們只注意到應驗的預感，卻忽略未應驗的預感。我們時常想起久未謀面的朋友，卻不會對這些念頭留下印象——除非那位朋友在我們剛想完不久竟然突然來訪。由於這個原因，預感應驗時往往讓人大感驚訝，但實際上並沒有那麼特別。培根當年即說：「舉凡占星、預言、預知夢、因果報應等迷信皆大同小異……迷信的人只注意有少數例子確實應驗，卻忽略有更多例子並未應驗。」

另外還一個有趣特性會提高預感應驗的機率，那就是預感往往是在事後才浮現心頭。某人做了一個討厭的夢，依稀感覺自己坐在失控的飛機裡（還是坐在船裡呢？），結果早上讀報紙赫然得知確實有班機墜毀。這確實是一個驚人巧合，但他對夢境的印象是否其實受到新聞內容影響？由於夢境往往模稜兩可，飄忽不定，因此可以適用多種解讀，格外容易應驗。心理學家艾爾卡克（James Alcock）針對預知夢的這個特性提過一個有趣例證：有些人宣稱自己會做預知夢，但自從我請他們記錄夢境以後，他們再也不曾做出預知夢了！

這種事後預知聽似矛盾，但威力強大，讓多重事例得以發揮影響，不僅預知夢是如此，日常預感亦然。**有些預感模糊不清，幾乎必然可以「應驗」**，諾斯特拉達姆斯（Nostradamus）的預言正屬一例，他的預言雖然沒有伍迪．艾倫模仿得那麼空洞（「二國將陷戰事，僅有一國獲勝」），卻非常模稜兩可且晦澀難解，因此很難推翻。他會備受關注實在教人困惑，尤其他還坦承預言的用字遣詞經過特殊安排，「唯有等事件發生過後，方可回過頭理解箇中的一字一句。」

我們有時會誤以爲預感確實應驗的另一個原因在於，我們弄混細微的因果關連。假設你拜訪完一位親戚以後，隱約感到心神不寧，覺得對方看起來跟平常「不太一樣」，這份擔憂使你晚上夢見對方遇到麻煩，也許身上受傷，結果兩天以後，你得知對方重病住院。這時你很難不認爲自己確實預見這件壞事——你確實預見了。然而，預見的原因是什麼？可惜的是，許多人把原因歸於超自然現象，徹底忽略當初那份擔憂不僅使你夢見對方，而且正反映他不佳的身體狀況。

在想起某人時「突然」接到對方的電話也是類似道理。你可能是因爲碰到某個與對方有關的外在事件而想起對方，而那個事件當然可能讓對方也想到你並決定致電關心。這層關連有時難以察覺，導致你認爲對方是突然來電，背後暗藏某種超自然的運作。

稀罕預知

撇開上述因素不談，有時我們確實準確預見某個重大事件，清清楚楚不容置疑。然而，重點依然在於這種巧合是否無法靠機率加以解釋。我們準確預知某件大事以後，情緒會相當激動，很難接受這只是出於巧合，反倒認爲這種驚人結果絕不可能出自平凡原因——絕不可能事出無因。此外，這類預知往往牽涉疾病與死亡等超乎人類掌握的事情，於是我們很容易就著眼於超自然現象。

對超自然現象的執意相信

儘管科學界指出目前並無科學證據顯示超感官知覺存在，但許多人明顯不爲所動，依然深信不疑，背後原因包括對日常經驗的錯誤解讀、想相信的念頭與媒體誤導，而除此之外是否還有別的原因？爲了回答這個問題，現在我想深入探討「科學門外漢」這個抽象群體，他們或多或少知道科學界對超感官知覺的質疑立場，又不像超心理學家那麼執迷於這個議題。

一般人往往崇尚科學，儘管有些科學概念奇怪費解，不符日常經驗，依然爲人接受，很少人懷疑地球不是圓的，懷疑地球不是繞太陽公轉，或懷疑夸克、黑洞與臭氧層破洞等概念——雖然這些概念不易理解。然而，爲何他們平時相信科學，碰到超感官知覺卻不然？

部分原因關乎懷疑角度的本質。如果不相信超感官知覺的存在，就會失去某些東西。許多驚人現象從此或者得靠常理解釋，或者根本並不存在。換言之，我們不再能靠一套說法（亦即超感官知覺）解釋許多現象，取而代之的是東拼西湊的各種解釋，或者壓根沒有解釋。有些人因此不願抱持懷疑態度，嫌那樣不夠簡潔俐落：一套包羅萬象的萬用解釋（此處是指超感官知覺），比各自零零碎碎的雜亂解釋顯得更加可信。一般人跟科學家一樣，爲求保有一套完整理論，甘願容忍反面事例——直到另一套更俐落完美的理論出現爲止。簡言之，儘管對超感官知覺的懷疑論調是基於許多可靠佐證，可惜無法提供俐落完整的一套解釋理論。

基於這個追求完整理論的心理，一般人隱約把舉證的責任歸到反對陣營，但此舉並不適當。從邏輯與哲學角度來看，舉證之責該落在支持陣營身上，不該落在反對陣營身上，但一般人談到超感官知覺往往採取相反做法。在一般人的預設想法中，超自然現象是靠超常現象加以解釋，因此反對陣營常常面臨一個質問：「如果這不是超感官知覺造成的，那是怎麼造成的？」換言之，如何不靠超感官知覺解釋某個反常現象？然而，這種「如果不是源自這個原因，那是源自什麼原因」的提問，其實犯下邏輯錯誤。如果某個反常事件無法獲得「合理」可信的解釋，應是反映人類的知識有其局限，而非證明超感官知覺確實存在。

超心理學家的執意相信

超感官知覺掀起的各種爭論圍繞於一個重點：根據日常佐證與超心理學實驗，超常現象是否存在。針對這一點，反對陣營與超心理學家顯然各執一詞。然而，我們可以換一個問法：「如果超常現象確實存在，我們希望透過實驗發現什麼？」這個問法看似只是措辭不同，卻點出幾個值得思考的問題。比方說，過去一百三十年間的各個研究人員想從超常實驗發現什麼結果？我們當然無從獲得肯定的答案，但可想而知的是他們對先前的實驗結果感到失望，畢竟相關實驗通常是得出什麼結果呢？有時是「實驗者效應」：如果在場人士抱持懷疑態度，受試者的超常能力就會消失。有時是「衰減效應」：受試者的超常能力漸漸失靈，最終完全消失，即使最厲害的受試者依然如此。有時是「超常失效」：受試者的猜對次數有時甚至低於正常機率。

如果超常現象確實存在，爲何一百三十年間前仆後繼的各個實驗只得到這些結果？持平而論，有些人或許認爲超心理學的實驗結果不如我形容得那麼不堪，並想再做出其他結果。然而，即使他們再多得出幾個實驗結果，科學界對超感官知覺的整體看法仍難有動搖。換言之，如果我們從這個問法出發，可以清楚看出許多人對超感官知覺的支持信念是一個典型例子，反映出有些人會抱持特定認知，儘管遭現有證據否定，依然深信不疑。

第四部

我們的下一步

第十章

挑戰不實認知：社會科學的角色

• • • • •

科學方法的眞義是確保你不受自然所誤導，明明不知，卻自認有知。

——波西格，《禪與摩托車維修的藝術》

許多治療方針與訓練課程的目標是消除問題，例如醫生替病患開立抗生素來消除病因。一個人剛開手排車時，往往犯下過早鬆開離合器的毛病，但可以靠練習慢慢熟能生巧，學會適當調控，不再操之過急。

然而，有些問題無法徹底消除，只能加以減輕。我們無法治好近視，但可以戴眼鏡。體重過重的人很難完全壓抑食欲，但可以靠節食與運動控制體重。我們在教育小孩的品德時，很少設法根除他們的自私心態，而是向他們灌輸做人的原則，像是

「己所不欲，勿施於人」「善有善報，惡有惡報」，或者跟他們說：「如果人人都像你這樣做，世界不就亂掉了嗎？」

談到該如何提升日常生活的判斷能力，減少本書提及的不實與錯誤認知，我們該做的是後者，也就是採取補救策略。錯誤判斷與不實認知永遠無從根除。一般人就是喜歡黑白分明，厭惡模稜兩可，所以總忍不住抱持過度簡化的認知，並且深信不疑。一般人就是希望世事皆在掌握之中，替隨機模式強加規律是深植於認知機制的天性，要徹底根除形同緣木求魚。一般人通常留意實際發生的事情，忽略未能發生的事情，多半注意現有條件下的已知狀況，很少考量換個條件下的可能狀況，這種傾向同樣根深柢固。

這些導致錯誤認知的因素永遠不會完全消失，我們能做的是改進思維習慣，提升判斷能力。換言之，我們必須建立一套思維模式，避免日常判斷的各種漏洞。

幸好正確思維模式不難建立。學生接觸到有關錯誤與偏頗判斷的最新研究以後，往往有辦法從中擷取啓示，運用於日常生活。我有時會無意間聽到自己的學生跟其他同學說：「嗯，但另外三個組織又是怎樣呢？」或是：「但我們都知道一般人幾乎到處可以看見規律，所謂的手感不就是這種狀況嗎？」或是：「別忘了，我們取得的只不過是二手資訊。」正確的思維原則易學易用，關鍵在於必須牢記心中，在日常生活運用自如。

那麼我們必須建立哪些思維習慣，又該如何建立？

大致而言，先前章節已約略觸及這個議題，明確說明錯誤認知的背後根源，具體分析不當的思考方式，我們能從而加以避免，設法改進。因此，我想現在最好的做法，就是只探討最該培養的幾個重點思維。

最重要的思維習慣是避免根據不完整與不具代表性的資料驟下結論，明白日常經驗往往帶有偏頗成分。我們不該過度看重眼前事例，而是該像上述學生那樣後退一步，提出疑問：「但另外三個組織又是怎樣呢？」比方說，有神論者留意禱告應驗的次數，認爲世上確實有神，無神論者留意禱告並未應驗的次數，認爲神確實不存在，但其實雙方的思考應更加全面，既計算有禱告且心願實現的次數，也計算沒有禱告但心願依然實現的次數，還要計算心願在禱告與否之下最終落空的次數。

本書多次提到，我們對這四種資訊的關注程度不等，因此必須努力找出自己最容易忽略的資訊，例如留意自己是否受身分或職位限制而難以獲得某種資訊。臨床醫師應留意未接受特定治療的病患的後續狀況，調整自己對病程與療法的既有見解。面試人員應思考他們刷掉的申請人選在日後可能的表現，藉以妥善評估自己的篩選能力。換言之，我們不該斷然驟下結論，而該自問是否忽略任何「隱藏」資訊。

我們該建立的另外一套思維習慣，就是適度揚棄自圓其說的高超本領，避免由此而生的各種弊病。我們往往憑既有的理論與認知解釋各種現象，即使碰到不符預期的反例仍有辦法自圓其說，即使碰到模稜兩可的事例仍有辦法當成正面佐證，導致既有認知絕少遭到推翻。爲了避免這類弊病，我們必須採取「思及反面」的策略，例如自問：「如果出現完全相反的結果，那個結果也能證明我的想法嗎？」或者自問：「抱持跟我不同見解的人會怎麼解釋這個結果？」或者更概略的問：「別種觀點也能解釋這個結果嗎？」藉由這般自問，我們會注意到事例與認知之間也許不如乍看的那麼緊密，避免輕率誤判，設法想出（並取得）確實可供驗證認知的必要佐證。

還有不少更加具體的思維習慣有助避開前面章節提及的錯誤認知。第五章談到如何因應二手資訊造成的訊息扭曲，重點是意識到資料的轉述次數可能超過預期，表面上是第二手資訊，但其實往往是第三手資訊，甚至第好幾手資訊，至於可靠來源的資訊則也許轉述自另一個並不可靠的來源。我們該對二手資訊抱持懷疑態度，細究消息來源，了解資訊可能經過何種程度的（故意或無意）扭曲。

第六章談到我們該避免高估別人跟自己想法的一致程度：別人沒有明確反對，並不代表認同。第一章指出人類往往從複雜現象中看出並不存在的規律，而且忽略迴歸效應的影響，所以我們該正確理解機率，避免驟下判斷。

科學教育的價值

綜觀上述重要思維習慣（尤其是前幾個用來處理不完整與不具代表性資訊的思維習慣），許多原本是隨科學發展而來，例如科學家認爲實驗狀況必須只有些微差異，實驗結果才可供準確衡量，而這就是實驗控制組的由來。統計學領域在不久之前才發展出區分隨機與規律現象的方法，統計迴歸是在研究基因遺傳的過程中發現，各種例子不勝枚舉。

由此可見，越是熟悉科學方法，越能清楚分析事證並避免錯誤認知。藉由接觸科學研究與科學概念，不僅能直接學到重要的思維習慣，還會碰到各種問題與現象，增進直覺判斷與深度了解，甚至獲得面對混沌與模糊狀態的寶貴機會。科學研究旨在擴展人類知識，必然時常觸及未知領域，一個人越是熟悉科學，越能意識到有些事物仍屬未知，而既有認知往往並非恆常不變，從而抱持健康的懷疑立場，審愼看待各種主張，發揮理性思考，心存謙遜態度，明白要徹底了解某個現象殊非易事——這些全是接觸科學的重要附帶好處。

不少書籍探討美國糟糕的數理教育，認為這導致民眾往往缺乏批判眼光。有些作者擔心現代科技社會有許多複雜問題，握有投票權的民眾卻不甚了解，也無法建立正確看法。有些作者擔心民眾缺乏思辨能力。總之，他們普遍認為喚醒民眾對科學的興趣十分有益。

然而，我們可以把這個普遍共識做一點有意思的修改。有些近期研究認為某類特定的科學教育格外能夠促進正確思維習慣，有助大眾妥善解讀日常經驗。這些研究背後的邏輯十分簡單：日常經驗往往模糊不清，混亂難解，如果我們想妥善衡量日常經驗，與其接觸「確定性」科學，不如接觸「模糊性」科學。模糊性科學是指心理學和經濟學等學門，著重於無法準確預測的現象，探討複雜難解的成因。比方說，喪偶容易導致健康狀況惡化，但不是每位寡婦鰥夫都會身體變差，而且即使身體確實變差也可能是源自其他因素，因此喪偶不是健康惡化的必要因素或充分因素。同理，好看的人通常享有較佳對待，但不是每個好看的人都廣受喜歡，外表不是贏得尊敬或喜愛的必要條件。

另一方面，確定性科學是指物理、化學等學門，探討的對象與因果往往比較明確。比方說，如果想增加兩個特定重量的物體之間的萬有引力，方法就是縮短兩個物體之間的距離，前因後果一清二楚。相較之下，模糊性科學是專門處理模糊現象，才格外強調統計迴歸、樣本偏誤與控制組的重要，因此特別有助建立準確衡量日常經驗的思維習慣。

一群心理學家試圖檢驗這個想法，找來心理學、化學、藥學與法學的研究生，測驗他們對統計學與方法論的熟悉程度，另外也請他們作答GRE測驗的「語文」考題，藉此評估他們的整體學習能力。這項研究不僅跨學門，也跨年級：研究人員比較碩一與碩三受試者的成績，藉此衡量碩士班訓練的影響，而碩一學生在兩年後會重新接受測驗，並與先前成績互相對照。

研究人員設計出「科學類」與「日常類」兩種題目，以期充分反映受試者對統計學與方法論的熟悉程度，並適當反映入學年級的影響。比方說，其中一個科學類問題提出某項教學實驗，請受試者評估原始得分偏高或偏低學生的未來表現，這個問題的目標是測驗受試者是否意識到迴歸效應的影響，指出原始得分偏高的學生在下一次測驗容易成績變差，原始得分偏低的學生在下一次測驗容易谷底回升。其中一個日常類問題說明某位市長宣稱犯罪率在他的任期內下降一二%，請受試者指出哪些證據可以有效衡量他的說法是否正確，這個問題的目標是測驗受試者是否意識到實驗控制組的重要程度，懂得比對鄰近地區相近規模的城市在相同期間內的犯罪率變化。

研究結果清楚呈現不同學門與年級之間的差異，指出社會科學較能提升學生對統計學與方法論的熟悉程度。就研究人員設計的測驗而言，四個學門的學生起初並無成績差異，但在接受兩年碩班訓練以後，心理所學生的測驗成績提高七〇%，化學所與法學所學生的成績並無進步，藥學所學生的成績則提高二五%。就GRE的語文測驗而言，四個學門的學生在接受兩年碩班訓練以後並無顯著進步（進步幅度僅介於四%到一七%）。研究結論如下：

> 心理學與藥學屬於模糊性科學，有助提升學生對統計與方法論的熟悉程度，增進學生對科學類與日常類問題的判斷能力，至於化學與法學則屬於確定性科學，並未提升學生對此方面的熟悉程度……化學

領域很少模糊不清的問題，缺乏錯綜複雜的不確定性與因果關連，無法讓學生學到與日常生活息息相關的某些規則。

由此看來，社會科學格外有助提升我們對日常經驗的評估能力。上述實驗的研究人員指出，社會科學所探討的主題帶有某些重要特點，例如充滿不確定性，或是因果關連相對模糊，因此特別容易讓我們接觸到有助提升判斷能力的重要原理。人格與社會心理學等相關課程在大學廣受歡迎，部分原因就在於這些學科能運用於日常生活，有時會挑戰學生的既有認知，學生能學到批判性思考與多元解讀習慣，不僅考量現有資訊，還思考能否取得其他佐證。課程提及的現象錯綜複雜，相關變數難以釐清，實驗結果較少非黑即白，這些再再刺激學生發揮分析能力，只有最被動的學生才不會絞盡腦汁深入思考。科學推理的一般原則十分直截了當，易學易教，難教的是運用原則的方法與時機，而許多社會學科在此享有優勢，關注重點往往擺在日常生活的明顯現象，探討主題包括如何有效影響他人、如何吸引他人，還有快樂與幸福的來源與關連等，幾乎足以激起每個人的興趣。因此，就本質而言，許多社會科學有助提升對日常現象的判斷能力。

社會科學家的責任

社會科學家常焦慮於社會科學不像物理學，跟其他自然科學略顯格格不入，較難累積研究成果，也較難提出準確的解釋或預測。沒錯，自然科學確實已取得許多長足進展，社會科學也許永遠望塵莫及，但社會科學往往是探討各種複雜模糊的現象，這有一個特殊好處，那就是容易帶來方法論的革新。相較於其他領域的學者，社會科學家通常更清楚日常事例有多容易造成誤導，也更著重於先做完必要查驗再下結論。心理學家往往比其他自然或人文領域的學者更不相信超感官知覺，這或許就是一個原因。

因此，社會科學家最值得學生與大眾學習的大概就是他們的方法論、觀察角度，還有思維習慣——重視過程勝於結果。這些年來，社會科學不時對人類整體知識做出長足貢獻，但我們多數的現有認知絕對會在往後五十年或一百年間改變，至於探索知識疆界的研究方式則多半不會改變。**想成爲眞正理性客觀的人，一大關鍵在於懂得如何解讀世事，如何適時質疑，如何徹底驗證想法，**而我相信最能幫助世人建立這些觀念的非社會科學家莫屬。

有些上述說法不僅適用於社會科學，也適用於本書。我們多數的現有認知必將漸漸改變，因此重點不在於消除特定的錯誤認知（雖然這樣當然有些好處），而是在於了解錯誤認知的形成原因。我們必須了解世界是何其錯綜複雜，日常生活中看似顯而易見的事是何其容易誤導，從而懂得審慎檢視個人經驗，質疑各種假設，不斷挑戰自己的既有認知。

Eurasian Publishing Group
圓神出版事業機構
用心與你對話 · 視野無限寬廣
先覺出版社
Prophet Press

www.booklife.com.tw reader@mail.eurasian.com.tw

商戰 216

康乃爾最經典的思考邏輯課（暢銷典藏版）：

避開六大謬誤，資訊時代必備的理性判斷工具

作　　者／湯瑪斯・吉洛維奇
譯　　者／林力敏
發 行 人／簡志忠
出 版 者／先覺出版股份有限公司
地　　址／臺北市南京東路四段50號6樓之1
電　　話／（02）2579-6600・2579-8800・2570-3939
傳　　真／（02）2579-0338・2577-3220・2570-3636
總 編 輯／陳秋月
資深主編／李宛蓁
責任編輯／林亞萱
校　　對／朱玉立・林亞萱
美術編輯／林韋伶
行銷企畫／陳禹伶・黃惟儂
印務統籌／劉鳳剛・高榮祥
監　　印／高榮祥
排　　版／杜易蓉
經 銷 商／叩應股份有限公司
郵撥帳號／ 18707239
法律顧問／圓神出版事業機構法律顧問蕭雄淋律師
印　　刷／祥峰印刷廠
2015年 7月 初版　計21刷
2021年12月 二版

定價 310 元　　ISBN 978-986-134-402-7　

專家難免跌跤，新手也能成功。
在談判中，徹底成功不是個合理的目標。
你的目標應該是鍛鍊自己的能力，
讓自己在多數時間裡都能做出更好的決定。

——《頂尖名校必修的理性談判課》

國家圖書館出版品預行編目資料

康乃爾最經典的思考邏輯課（暢銷典藏版）：避開六大謬誤，資訊時代必備的理性判斷工具／湯瑪斯．吉洛維奇（Thomas Gilovich）著；林力敏 譯. -- 初版. -- 臺北市：先覺，2021.12
288 面；14.8×20.8 公分 --（商戰；216）
譯自：How we know what isn't so : the fallibility of human reason in everyday life.
ISBN 978-986-134-402-7（平裝）

1. 理性心理學　2. 謬誤

170　　110016202